付録A 東京ディズニーランド 攻略MAP

ファンタジーランド

シンデレラ城

キャッスル・フォアコート

トムソーヤ島

※花火はこの方向からあがる

キャンプ・ウッドチャック

ウエスタンランド

ウエスタンリバー鉄道

アドベンチャーランド

プラン作りや持ち歩きに便利な書きこみ用MAPのダウンロードはこちら！

https://bit.ly/kosaidopub_TDL-TDS2024
パスワード tHb7nDf92a

イクスピアリ

東京ディズニーリゾート・チケットセンター

リゾートゲートウェイ・ステーション

新浦安へ

バスターミナル

舞浜

ピクニックエリ

バスターミナル

ボン・ヴォヤージュ

JR京葉線・武蔵野線

東京へ

A	メインストリート・ハウス	H	救護室
B	パークインフォメーションボード	I	宅配センター
C	トゥモローランド・ホール	J	喫煙所
D	三井住友銀行（ATM）	K	インフォメーション＆チケットブース
E	迷子センター	L	イーストゲート・レセプション
F	ベビーセンター	M	ゲストリレーション・ウインドウ
G	ベビーカー・車イス・レンタル		

その他

パレードルート

📷 撮影スポット

花火鑑賞スポット

トイレ（オススメ度）
（★）
（★★）
（★★★）

コインロッカー

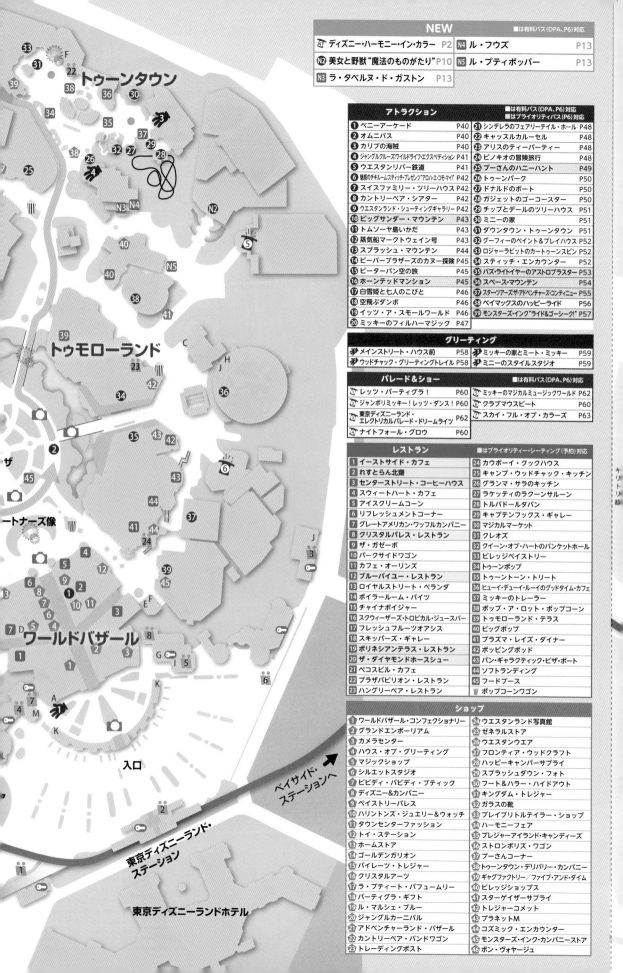

NEW

N1 ディズニー・ハーモニー・イン・カラー	P2	N4 ル・フウズ P13
N2 美女と野獣"魔法のものがたり"	P10	N5 ル・プティポッパー P13
N3 ラ・タベルヌ・ド・ガストン	P13	

■は有料パス(DPA、P6)対応

アトラクション
■は有料パス(DPA、P6)対応

❶ ペニーアーケード	P40	㉑ シンデレラのフェアリーテイル・ホール P48
❷ オムニバス	P40	㉒ キャッスルカルーセル P48
❸ カリブの海賊	P40	㉓ アリスのティーパーティー P48
❹ ジャングルクルーズ:ワイルドライフ・エクスペディション	P41	㉔ ピノキオの冒険旅行 P48
❺ ウエスタンリバー鉄道	P41	㉕ プーさんのハニーハント P49
❻ 魅惑のチキルーム:スティッチ・プレゼンツ"アロハ・エ・コモ・マイ"	P42	㉖ トゥーンパーク P50
❼ スイスファミリー・ツリーハウス	P42	㉗ ドナルドのボート P50
❽ カントリーベア・シアター	P42	㉘ ガジェットのゴーコースター P50
❾ ウエスタンランド・シューティングギャラリー	P42	㉙ チップとデールのツリーハウス P51
❿ ビッグサンダー・マウンテン	P43	㉚ ミニーの家 P51
⓫ トムソーヤ島いかだ	P43	㉛ ダウンタウン・トゥーンタウン P51
⓬ 蒸気船マークトウェイン号	P43	㉜ グーフィーのペイント&プレイハウス P52
⓭ スプラッシュ・マウンテン	P44	㉝ ロジャーラビットのカートゥーンスピン P52
⓮ ビーバーブラザーズのカヌー探険	P45	㉞ スティッチ・エンカウンター P52
⓯ ピーターパン空の旅	P45	㉟ バズ・ライトイヤーのアストロブラスター P53
⓰ ホーンテッドマンション	P45	㊱ スペース・マウンテン P54
⓱ 白雪姫と七人のこびと	P46	㊲ スターツアーズ:ザ・アドベンチャーズ・コンティニュー P55
⓲ 空飛ぶダンボ	P46	㊳ ベイマックスのハッピーライド P56
⓳ イッツ・ア・スモールワールド	P46	㊴ モンスターズ・インク"ライド&ゴーシーク!" P57
⓴ ミッキーのフィルハーマジック	P47	

グリーティング

メインストリート・ハウス前 P58	ミッキーの家とミート・ミッキー P59
ウッドチャック・グリーティングトレイル P58	ミニーのスタイルスタジオ P59

パレード&ショー
■は有料パス(DPA、P6)対応

レッツ・パーティグラ! P60	ミッキーのマジカルミュージックワールド P62
ジャンボリミッキー!レッツ・ダンス! P60	クラブマウスビート P60
東京ディズニーランド・エレクトリカルパレード・ドリームライツ P62	スカイ・フル・オブ・カラーズ P63
ナイトフォール・グロウ P60	

レストラン
■はプライオリティー・シーティング(予約)対応

1 イーストサイド・カフェ	24 カウボーイ・クックハウス
2 れすとらん北齋	25 キャンプ・ウッドチャック・キッチン
3 センターストリート・コーヒーハウス	26 グランマ・サラのキッチン
4 スウィートハート・カフェ	27 ラケッティのラクーンサルーン
5 アイスクリームコーン	28 トルバドールタバン
6 リフレッシュメントコーナー	29 キャプテンフックス・ギャレー
7 グレートアメリカン・ワッフルカンパニー	30 マジカルマーケット
8 クリスタルパレス・レストラン	31 クレオズ
9 ザ・ガゼーボ	32 クイーン・オブ・ハートのバンケットホール
10 パークサイドワゴン	33 ビレッジペイストリー
11 カフェ・オーリンズ	34 トゥーンポップ
12 ブルーバイユー・レストラン	35 トゥーントーン・トリート
13 ロイヤルストリート・ベランダ	36 ヒューイ・デューイ・ルーイのグッドタイム・カフェ
14 ボイラールーム・バイツ	37 ミッキーのトレーラー
15 チャイナボイジャー	38 ポップ・ア・ロット・ポップコーン
16 スクウィーザーズ・トロピカル・ジュースバー	39 トゥモローランド・テラス
17 フレッシュフルーツオアシス	40 ビッグポップ
18 スキッパーズ・ギャレー	41 プラズマ・レイズ・ダイナー
19 ポリネシアンテラス・レストラン	42 プレイピッグポッド
20 ザ・ダイヤモンドホースシュー	43 パン・ギャラクティック・ピザ・ポート
21 ペコスビル・カフェ	44 ソフトランディング
22 プラザパビリオン・レストラン	45 フードブース
23 ハングリーベア・レストラン	ポップコーンワゴン

ショップ

1 ワールドバザール・コンフェクショナリー	24 ウエスタンランド写真館
2 グランドエンポーリアム	25 ゼネラルストア
3 カメラセンター	26 ウエスタンウエア
4 ハウス・オブ・グリーティング	27 フロンティア・ウッドクラフト
5 マジックショップ	28 ハッピーキャンパーサプライ
6 シルエットスタジオ	29 スプラッシュダウン・フォト
7 ビビディ・バビディ・ブティック	30 フート&ハラー・ハイドアウト
8 ディズニー&カンパニー	31 キングダム・トレジャー
9 ペイストリーパレス	32 ガラスの靴
10 ハリントンズ・ジュエリー&ウォッチ	33 プレイブリトルテイラー・ショップ
11 タウンセンターファッション	34 ハーモニーフェア
12 トイ・ステーション	35 プレジャーアイランド・キャンディーズ
13 ホームストア	36 ストロンボリズ・ワゴン
14 ゴールデンガリオン	37 プーさんコーナー
15 パイレーツ・トレジャー	38 トゥーンタウン・デリバリー・カンパニー
16 クリスタルアーツ	39 ギャグファクトリー/ファイブ・アンド・ダイム
17 ル・プティ・パフュームリー	40 ビレッジショップス
18 パーティグラ・ギフト	41 スターゲイザーサプライ
19 ル・マルシェ・ブルー	42 トレジャーコメット
20 ジャングルカーニバル	43 プラネットM
21 アドベンチャーランド・バザール	44 コズミック・エンカウンター
22 カントリーベア・バンドワゴン	45 モンスターズ・インク・カンパニーストア
23 トレーディングポスト	46 ボン・ヴォヤージュ

トゥーンタウン

トゥモローランド

パートナーズ像

ワールドバザール

入口

ベイサイド・ステーションへ

東京ディズニーランド・ステーション

東京ディズニーランドホテル

東京ディズニーランド&シー裏技ガイド2024

Contents

綴じ込み付録
攻略MAP

ダウンロード版
書きこみ用 MAP

特集

TDR40周年 ドリームゴーラウンド

- 2 　TDLお昼の新パレード ディズニー・ハーモニー・イン・カラー
- 5 　TDLはもちろんTDSでも! もっと祝祭感にひたれる得ワザ

FP実質復活!? 40周年攻略術

- 6 　プライオリティパス／有料パス(DPA)
- 7 　スタンバイパス／抽選制(エントリー受付)
- 8 　主要アトラクション待ち時間　9 　バケーションパッケージ／モバイルオーダー
- 10 　徹底攻略! TDL新エリア 美女と野獣
- 14 　TDS新ショー ビリーヴ! 〜シー・オブ・ドリームス〜
- 18 　TDSダッフィー&フレンズ最新情報
- 20 　ディズニーホテル最新情報

美女と野獣の城

これだけ変わった! 今のパークの楽しみ方

- 24 　変わったポイント　30 　予約テク
- 26 　攻略カレンダー　32 　公式アプリ

東京ディズニーランドの裏技

- 33 　今を楽しむ! 3つのカギ
- 34 　オススメランキング
- 37 　モデルコース
- 40 　アトラクション
- 58 　グリーティング
- 60 　ショー
- 64 　レストラン
- 70 　ショップ

東京ディズニーシーの裏技

- 73 　今を楽しむ! 3つのカギ
- 74 　オススメランキング
- 76 　速報!! 新テーマポート誕生
- 77 　モデルコース
- 81 　アトラクション
- 96 　グリーティング
- 98 　ショー
- 101 　レストラン
- 106 　ショップ

準備と当日の動き方の裏技

- 107 　プラン作り
- 108 　事前準備
- 109 　ホテル
- 110 　レストラン
- 113 　持ち物
- 114 　パーク内サービス
- 116 　予算
- 118 　アトラク&ショー
- 120 　グッズ
- 122 　写真
- 123 　トイレ
- 124 　アクセス

- 128 　**全施設INDEX**

夢が色とりどりに輝く！
TDR40周年ドリームゴーラウンド開催中

感染症対策も ほぼ終了！

マスク任意

キャラとのハグ解禁

3月31日まで！ グランドフィナーレをお見逃しなく

2023年に開園40周年を迎えた東京ディズニーランドを中心に、2024年3月31日まで40周年イベントを開催中！ みんなの色とりどりの夢がひとつに繋がるという意味が込められた"ドリームゴーラウンド"をテーマに、パーク全体が祝祭感溢れる雰囲気に。ショーやパレードだけでなく、メニューやグッズなども、この期間だけしか楽しめないコンテンツが盛りだくさん！ いよいよグランドフィナーレを迎えるTDR40周年イベントの"見逃せないポイント"を紹介します！

フロート12台のカラー（色）に注目！

TDLお昼の新パレード
ディズニー・ハーモニー・イン・カラー

パレード全フロート解説

④未知の世界へ

モアナ

ラプンツェル

ポカホンタス

メリダ

①色とりどりの夢の世界へ

HARMONY IN COLOR

ティンカーベル

アリス

ディーとダム

七人のこびと

白雪姫

③わくわくする冒険

カールじいさん

ケヴィンの子供たち

ダグ

ラッセル

クロウハウザー

ニック

ジュディ

②新しい自分

2

総勢57キャラ＋α！ 初登場キャラも多数の新パレード

ミドルテンポのTDR40周年テーマソングとともに進む、温かい雰囲気の新しいお昼のパレードです。『シュガー・ラッシュ』のラルフとヴァネロペなど、このパレードで初めて登場したキャラも見逃せません。本書ではその全フロートをイラストで徹底解説！ しかも、各フロートには、ここに**描き切れなかったたくさんのキャラも散りばめられているので、見つけてみて！** 新パレードは次の周年イベント（5年後）まで公演されるのが通例で、**TDR40周年イベント期間後も公演されます。**

場所
パレードルート
公演時刻
1日1回（日中）
所要時間

約45分
※パレードのスタートからゴールまで
※自分の正面を通る時間は約18分

TDR40周年イベント（TDL お昼の新パレード）

⑤家族の絆
ミセス・インクレディブル
MILK
ミゲル
ミスター・インクレディブル

⑥最高の仲間とともに
バズ・ライトイヤー
ウッディ
ヒロ
ラルフ
フレッド
ワサビ
ゴー・ゴー
ハニー・レモン
ヴァネロペ

⑦すべての夢が奏でるハーモニー
ジミニークリケット
ドナルド
デール
グーフィー
ミッキー
ミニー
シンデレラ
プリンス・チャーミング
ゼペット
ピノキオ
デイジー
プルート
ジャスミン
アラジン
トゥールーズ
マリー
チップ
ホーレス
ベル
王子
ベルリオーズ
クララベル

オススメ鑑賞場所は4つ！　パレード鑑賞MAP

場所の埋まり具合は他のパレード次第！

たいていの場所は**長時間待たなくても鑑賞できます**。ただし、クリスマスなど期間限定パレードでフロートが途中で停止する場合、**停止位置周辺は別**です。2023年はこの停止ありのパレードが1日1回、《ディズニー・ハーモニー・イン・カラー》の後に公演されたため、開園直後から多くのファンが停止位置周辺でパレード待ちをし、そのまま動かずに2つのパレードを鑑賞していました。

イベントがない期間や停止ありのパレードの公演回数が増えた場合は、最前列付近での鑑賞も容易ですが、上記のような状況では、**停止位置以外の埋まりの遅い場所での鑑賞をオススメ**します。

有料パス（DPA）の鑑賞エリアはコスパが悪い！

TDLのパレードには、入園後に公式アプリ上で購入する有料パス（DPA、P6）専用の鑑賞エリアがあります。座り見で鑑賞できるのですが、**エリア内は指定席になっていて、購入した順に最前列から席が指定されます**。つまり遅い時間に購入すると後方になったり、混雑日は開園直後に購入しても2〜3列目になったりする可能性があります。パレードルートは広く、鑑賞場所に余裕があります。**長時間待たなくてもパレードは十分見られる**ので、有料パスの購入はオススメしません。

パレード後、空いてるアトラクに乗りたいとき！
パレードのスタート地点になるため、見終わった後、すぐにアトラクションに向かえば、まだ鑑賞中の人より先に乗れる！〈トゥモローランド〉に向かえばパレードを途中から再び鑑賞することも可能。

スタート地点で見たあとトゥモローランド方面へ行くと、2度見できる！

じっくり長くパレードが見られる！
こちらに向かってくるパレードを正面から見られるカーブ地点。じっくりパレードを見たいならこの2カ所がおすすめ！

最後まで空いている！
パレード到着まで20分ほどかかるため、もっとも埋まりが遅い穴場。

有料パス（DPA、P6）専用エリア

最高の鑑賞場所！
パレードのバックにシンデレラ城が見えるもっとも良い鑑賞場所。埋まりが早い。

バケーションパッケージ（P9）専用エリア

2023年10月現在

TDLはもちろんTDSでも！
もっと祝祭感にひたれる(得)ワザ

TDR40周年イベントはTDLだけなくTDSでも楽しめます。ここでは、パレード以外の40周年ならではの見どころを一挙紹介！　今しか体験できないものなので、お見逃しなく！

TDL

40周年限定バージョンで公演中！

クラブマウスビート

マックィーンも登場する、音楽とダンスで魅せるステージショーが40周年バージョンに！　ショーのフィナーレで、テーマソングに合わせて40周年衣装のミッキーたちが登場します。抽選制（P7）なので、抽選をお忘れなく！

TDS

水上から40周年をお祝い！

レッツ・セレブレイト・ウィズ・カラー

TDSでは、テーマソングにのってミッキーたちと40周年のお祝いをする水上グリーティングのショーを公演中。40周年の衣装を着た8人のキャラが1台の船に乗って登場し、メッセージをそれぞれの色（カラー）に託して表現します。

場所	公演回数
メディテレーニアンハーバー	1日1〜2回（約10分、日中）

出演キャラクター
ミッキー、ミニー、ドナルド、デイジー、グーフィー、プルート、ダッフィー、シェリーメイ

TDL & TDS

ドリームガーランドが心までつないでくれる！

40周年イベントのキーアイテムとなっているのが"ドリームガーランド"。ガーランドのようにつながって、みんなで一緒に40周年をお祝いしようという思いが込められています。パーク内デコレーションのほか、キャストのネームタグに付けられたガーランドにも注目！

40周年ならではの楽しみ方

1 グッズを買って身に着けよう！

40周年イベントグッズとして、身に着けられる手のひらサイズのガーランドを販売中。約20色のバリエーションがあるので、お好みのカラーを選べます！

2 シールをもらおう！

キャストに声をかけると、40周年を一緒にお祝いできる「ドリームガーランドシール」がもらえます。グッズのガーランドに貼り付けよう！

3 思いをつなげよう！

キャストに声をかけると、メッセージを書きこんで大切な人やキャストに渡せる「ドリームガーランドカード」がもらえます。思いを伝えて40周年の輪を広げよう！

TDL & TDS

限定メニュー＆グッズも見逃せない！

TDS名物のうきわまんが、40周年限定のミッキーうきわまんになって両パークで販売中！　さらに、ミッキーマカロンやピスタチオ味のポップコーンなど、40周年の今しか食べられないメニューも豊富。ドリームガーランド以外のグッズでは、光るポップコーンバケットが人気です！

40周年でファストパスが実質復活!
3つのパス&抽選で、超時短できる!

プライオリティパスは実質ファストパス! 無料で取れる!

2023年7月に「40周年記念プライオリティパス」が導入されました。入園後にアプリ上で取得でき、短い待ち時間でアトラクションを利用できる「ファストパス」と同じ仕組みの無料パス! 「次に取得できる時間になったら忘れずスグ取る!」のが、時短攻略の鉄則!

「40周年記念」だけど終了日未定!
↓
今後も継続の可能性あり

TDL	TDS
ビッグサンダー・マウンテン（P43）	タートル・トーク（P89）
ホーンテッドマンション（P45）	ニモ&フレンズ・シーライダー（P89）
プーさんのハニーハント（P49）	インディ・ジョーンズ・アドベンチャー：クリスタルスカルの魔宮（P90）
バズ・ライトイヤーのアストロブラスター（P53）	レイジングスピリッツ（P90）
スペース・マウンテン（P54）	マジックランプシアター（P92）
スター・ツアーズ：ザ・アドベンチャーズ・コンティニュー（P55）	海底2万マイル（P95）
モンスターズ・インク"ライド&ゴーシーク!"（P57）	

2つめのパス取得は
①取ったパスの利用開始時間
②取得から2時間後
のうち早いほう
※同じ施設は、利用後でないと取得できません

有料パス（DPA）は時短に効果絶大! 快適さ段違い!

有料パスの「ディズニー・プレミアアクセス（DPA）」を購入すると、ショーやパレードの指定席／専用エリア内での鑑賞や、短い待ち時間でのアトラクション体験ができます。**当日、入園後にアプリ上で購入可能。**対象アトラクションは、とくに人気で待ち時間が長いものばかり。しかも、DPAの対象アトラクションは、無料で取得できるプライオリティパスの対象外なので、時短には効果絶大! これをケチらず使うと満足度大幅UP!

混雑日は売り切れることも!

パレードは最前列から購入順で座席が決まる!購入するなら入園後すぐ!

	対象施設	
	TDL	**TDS**
2,500円	ディズニー・ハーモニー・イン・カラー（P2）TDL・エレクトリカルパレード・ドリームライツ（P60）	ビリーヴ! ～シー・オブ・ドリームス～（P14、ショー）
2,000円	美女と野獣"魔法のものがたり"（P10）	ソアリン：ファンタスティック・フライト（P82）トイ・ストーリー・マニア!（P85）
1,500円	ベイマックスのハッピーライド（P56）スプラッシュ・マウンテン（P44）	タワー・オブ・テラー（P88）センター・オブ・ジ・アース（P95）

注意点!

2つめの取得ができるのは
①購入から60分後
②利用開始時刻／入場開始時刻
のいずれか早いほうの時間を過ぎてから

スタンバイパスは
レストランやショップの入場券

大混雑する施設や入店制限を行なう施設が「スタンバイパス」を発行し、それを取得しないと入店できない場合があります。現在は基本的にレストランやショップが対象ですが、2024年6月6日オープンのTDS新エリアのアトラクションも対象となる予定です。当日、入園後にアプリから取得できますが、その日の混み具合によってはスタンバイパスを発行せず、並べば入店できる形にしていることも。

こんな施設が対象!

- ●イベント限定メニューを販売するレストラン
- ●イベント限定グッズ発売日のショップ
- ●ダッフィー関連グッズ発売日のショップ
- ●人気のカプセルトイ(P121)
- ★TDS新エリア(P76)のアトラクション

抽選=エントリー受付は
人気施設対象なので必ず参加を!

「エントリー受付」とは、抽選制のこと。案内できる人数に限りがあるショーやグリーティングは、**抽選で当選しないと利用できません**。当たれば、座席指定で待たずに利用可能。1施設につき**抽選は1日1回のみ**。ただし、その日の混み具合により、ショーには並べば鑑賞できる自由席が設けられることも。

抽選制(エントリー受付)の対象施設

TDL
- ・ミッキーのマジカルミュージックワールド(P62)
- ・ジャンボリミッキー! レッツ・ダンス!(P62)
- ・クラブマウスビート(P5・P60)

TDS
- ・ビッグバンドビート〜ア・スペシャルトリート〜(P100)
- ・ジャンボリミッキー! レッツ・ダンス!(P98)

各種パスの取得&抽選は公式アプリで!

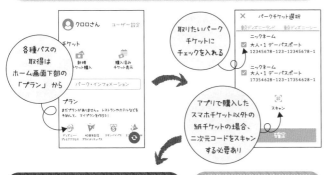

取得したパスの使い方

FP実質復活!? 40周年攻略術（主要アトラクション待ち時間）

FP実質復活!? 40周年攻略術（主要アトラクション待ち時間）

パス取得の参考にしよう! (TDL)(TDS) 主要10アトラクション待ち時間を徹底比較!

- 超人気アトラクは開園直後がピーク!
- お昼時はいったん落ち着くので狙い目!
- 夕方前に再びピークに!
- 夜のショーやパレードの前は最大のチャンス!

● 激混み日の待ち時間

	アトラクション	9:00	9:30	10:30	11:30	12:30	13:30	14:30	15:30	16:30	17:30	18:30	19:30	20:30
TDL	ビッグサンダー・マウンテン	70	80	80	75	70	65	70	80	75	70	65	50	案内終了
	スプラッシュ・マウンテン	90	100	95	90	90	95	100	95	90	80	65	55	案内終了
	プーさんのハニーハント	82	100	95	95	90	85	82	95	85	85	70	60	案内終了
	美女と野獣"魔法のものがたり"	180	160	160	150	140	130	130	160	140	130	100	案内終了	
	ベイマックスのハッピーライド	120	130	120	105	90	85	80	100	90	80	75	60	案内終了
TDS	ソアリン	150	180	170	140	130	140	180	165	150	135	120	案内終了	
	トイ・ストーリー・マニア!	130	160	150	125	110	120	135	150	130	125	115	70	案内終了
	タワー・オブ・テラー	70	90	130	115	90	90	105	120	110	110	100	75	案内終了
	インディ・ジョーンズ	20	70	100	110	95	95	110	115	110	110	100	80	案内終了
	センター・オブ・ジ・アース	70	90	120	120	115	115	130	120	110	100	95	75	案内終了

● 普通の土日の待ち時間

	アトラクション	9:00	9:30	10:30	11:30	12:30	13:30	14:30	15:30	16:30	17:30	18:30	19:30	20:30
TDL	ビッグサンダー・マウンテン	40	55	70	70	60	60	50	65	55	50	45	35	30
	スプラッシュ・マウンテン	85	80	75	65	70	80	75	90	80	75	50	40	案内終了
	プーさんのハニーハント	60	70	75	70	65	65	60	82	65	60	60	30	案内終了
	美女と野獣"魔法のものがたり"	140	140	120	120	110	100	95	130	120	110	95	75	案内終了
	ベイマックスのハッピーライド	90	85	80	80	70	65	60	85	75	65	60	45	案内終了
TDS	ソアリン	120	130	120	110	100	110	120	110	110	105	100	70	案内終了
	トイ・ストーリー・マニア!	110	120	105	90	85	95	110	105	100	95	80	60	案内終了
	タワー・オブ・テラー	50	70	80	70	60	80	80	75	75	70	65	50	案内終了
	インディ・ジョーンズ	10	55	70	65	50	55	70	70	60	60	50	40	案内終了
	センター・オブ・ジ・アース	60	90	80	75	70	80	90	80	75	75	65	45	案内終了

● 混んでいる平日の待ち時間

	アトラクション	9:00	9:30	10:30	11:30	12:30	13:30	14:30	15:30	16:30	17:30	18:30	19:30	20:30
TDL	ビッグサンダー・マウンテン	40	45	50	40	40	30	45	40	40	40	35	35	30
	スプラッシュ・マウンテン	75	70	65	60	55	45	60	60	55	50	45	35	30
	プーさんのハニーハント	45	70	50	45	50	45	45	70	55	45	45	35	30
	美女と野獣"魔法のものがたり"	130	130	100	90	85	80	75	95	85	70	60	45	案内終了
	ベイマックスのハッピーライド	80	75	65	60	55	45	40	60	55	50	45	40	案内終了
TDS	ソアリン	110	120	110	95	80	90	105	100	95	90	90	75	案内終了
	トイ・ストーリー・マニア!	90	110	95	80	70	80	100	80	75	70	60	40	案内終了
	タワー・オブ・テラー	45	60	70	60	45	60	70	65	60	55	55	45	案内終了
	インディ・ジョーンズ	10	45	55	50	45	50	65	65	45	40	35	20	案内終了
	センター・オブ・ジ・アース	45	80	70	65	60	65	75	70	60	55	55	40	案内終了

● 普通の平日の待ち時間

	アトラクション	9:00	9:30	10:30	11:30	12:30	13:30	14:30	15:30	16:30	17:30	18:30	19:30	20:30
TDL	ビッグサンダー・マウンテン	30	30	40	35	30	30	40	35	35	30	25	25	25
	スプラッシュ・マウンテン	70	65	60	50	45	40	60	55	45	45	40	30	25
	プーさんのハニーハント	45	60	45	40	45	40	35	55	55	40	35	30	25
	美女と野獣"魔法のものがたり"	120	100	90	80	75	75	70	85	60	50	40	35	35
	ベイマックスのハッピーライド	70	70	60	50	45	40	40	45	40	40	35	30	35
TDS	ソアリン	90	110	95	80	70	80	95	85	80	75	70	45	案内終了
	トイ・ストーリー・マニア!	80	95	80	65	60	60	75	70	65	60	50	25	案内終了
	タワー・オブ・テラー	40	60	60	45	40	50	65	45	40	40	35	25	25
	インディ・ジョーンズ	5	30	45	45	35	35	45	40	35	30	25	10	15
	センター・オブ・ジ・アース	35	75	65	60	55	55	60	60	55	50	45	25	30

困ったらお金で解決!? 超快適な公式プラン
攻略法いらずのバケーションパッケージ

予算があるなら使いたい！超豪華な公式宿泊プランの魅力

「バケーションパッケージ」は、ホテル宿泊と各種チケット・パスがセットになった公式宿泊プランです。1人6万～9万円ほどと高額ですが、豪華な内容で満足度は抜群。筆者クロロも年1回は利用して、満喫しています！

バケパのここがスゴい①
ディズニーホテル宿泊とパークチケットがセットに！

ディズニーホテルの宿泊と滞在日数分のパークチケット（1泊2日なら1人2枚）がついてきます。

バケパのここがスゴい②
待たずに乗れるアトラクション利用券付き！

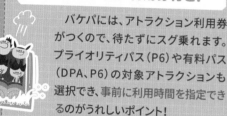

バケパには、アトラクション利用券がつくので、待たずにスグ乗れます。プライオリティパス（P6）や有料パス（DPA、P6）の対象アトラクションも選択でき、事前に利用時間を指定できるのがうれしいポイント！

バケパのここがスゴい③
抽選制（P7）のショーが確実によい席で見られる！

ショーは人気が高く、ほとんどのものが抽選制（エントリー受付）。バケパには、そんな抽選制のショーの鑑賞券もつけることができるので、見たいショーが確実に見られます！

バケパのここがスゴい④
人気ドリンク飲み放題！フリードリンク券がアツい

隠れた魅力がフリードリンク券。ソフトドリンク対象で、人気の季節限定ノンアルコールドリンクも飲み放題！

バケパのここがスゴい⑤
選べるオリジナルグッズ付き！ポップコーンバケットなども

バケパにはオリジナルグッズがついてきて、滞在中にパーク内で受け取ることができます。グッズは4種類から1つ選ぶことができ、定期的に変わります。

こんな人にオススメ

せっかく行くならTDLとTDS両方楽しみたい！

パスの取得とかめんどくさい！すべてをラクに快適に過ごしたい！

久しぶりのパークで不安……失敗したくない！

NEWS レストラン時短サービスが2023年11月8日スタート！

並ばずに食事が受け取れる！ ディズニー・モバイルオーダー

パーク内のどこからでもレストランのメニューを注文できる無料の新サービスがスタート！　とくに最近の休日はレストランが混んでいるので、アトラクションやパレード・ショーを待つ間などに注文すれば、時間を有効活用できます。

| 使い方 | ❶入園後、公式アプリのホーム画面「プラン」のモバイルオーダーから、店舗・時間・メニューを選ぶ！ |
| | ❷時間になったら、店舗で受け取り！ |

	対象レストラン
TDL	26 グランマ・サラのキッチン
	41 プラズマ・レイズ・ダイナー
TDS	30 ユカタン・ベースキャンプ・グリル
	33 カスバ・フードコート

※対象レストランは今後増える予定

あの『美女と野獣』の世界が現実に！

2024年
1月9〜25日休止

新エリア一番の目玉！
お城にある最新アトラクション

ディズニー映画『美女と野獣』の世界をテーマにしたエリア「ニューファンタジーランド」の中心にそびえ立つ「美女と野獣の城」。その**お城にある最新アトラクション**です。世界中のディズニーパークで体験できるのは唯一ここだけ。**体験時間は約8分間**のライドタイプです。

必ず映画を見てから乗りたい！
ストーリー体験型

魔法のバラの花びらがすべて散る前に真実の愛を見つけ、魔女の魔法を解く『美女と野獣』の**名シーン**がリアルに繰り広げられます。"映画の世界が再現される"アトラクションは多いですが、これは"自分が映画の世界に入り込んだ感覚"。圧倒的な没入感に思わず涙がこぼれるほど感動します！

乗り物	混雑度 A
こども向け ☆☆☆☆☆	こどもが怖がる要素 暗
絶叫度	
利用制限 102cm未満不可	体調制限 妊娠中・高齢者不可

プライオリティパス　有料パス（DPA）　シングルライダー

**有料パスあり！
1人2,000円**

**ライトアップも
必見！
夜に一度は
訪れて！**

美女と野獣の城

- 『美女と野獣の城』は高さ30m!

- 体験時間は約8分間で、満足度絶大!

- キャラ、音楽、すべてがまさに映画の世界!

身長制限なし！
保証します、酔う心配ナシ！

身長制限がなく、補助なしで座れればOKなので、**小さなこどもでも楽しめます**。ゲストが乗り込む魔法のカップは、大きく揺れることはなく、ゆらゆらとゆっくり回りながら進みます。酔ったり、絶叫要素を感じたりする心配はいっさいナシ！

待ち時間を徹底解説！
マニアが使う時短の裏技を伝授！

7時台の開園待ちがマスト！

Point!

開園直後を狙うのが鉄則！
ディズニーホテル泊の人は8時から入園できるため、
8時15分or30分の開園時には30〜60分待ちになり、
9時には1日のピークになることがほとんど！
できれば7時から、遅くとも7時台の開園待ちを強くオススメします。

Point!

出遅れたら、待ち時間が短めの午後や夜のパレード中を狙おう！

Point!　閉園時間を超えないように案内終了されるので注意

| 待ち時間 | | | |
平日	混む平日	土日	激混み
9:00	120	130	140	180
9:30	100	130	140	160
10:30	90	100	120	160
11:30	80	90	120	150
12:30	75	85	110	140
13:30	75	80	100	130
14:30	70	75	95	130
15:30	85	95	130	160
16:30	85	85	120	140
17:30	50	70	110	130
18:30	40	60	95	100
19:30	35	45	75	案内終了
20:30	35	案内終了	案内終了	

開園直後の待ち列

開園直後の待ち列は、《プーさんのハニーハント》（P49）
前を通って、パレードルート方面に延びる！
まっすぐ向かうよりも、パレードルートから向かうほうが
最短で並べる！

入口

《プーさんのハニーハント》

《ベイマックス…》

—— 開園直後の待ち列
—— パレードルート

Check!　9時開園じゃないの？

公式サイト上の
パーク開園時間が9時でも、
実際にほとんどの日には早まり、
8時15分or30分に開園します（P24）。
さらにディズニーホテル宿泊者は
開園15分前に入園できるので、
8時頃から待ち時間が延びていきます。

予算があるなら使いたい！ ラクラク攻略法

①有料パスで、好きな時間にサクッと体験！

《美女と野獣…》はプライオリティパス（P6）の対象ではないため、短い待ち時間で利用するには有料パス（DPA、P6）を取得するしかありません。2時間前後の待ち時間が当たり前のアトラクションなので、**有料パスを使うなら間違いなく《美女と野獣…》が最優先です！**　予算に少しでも余裕があるなら、迷わず買いましょう！

1人2,000円！
好きな時間が
選べる！

混雑日は
完売することも！

②ディズニーホテル宿泊で、15分前入園！

ディズニーホテルに宿泊すると、**通常開園時間の15分前に入園できる「ハッピーエントリー」**（P23）を利用できます。朝早く起きる必要がありますが、短い待ち時間で利用できるお得な特典！

ただし、この特典で入園する多くの人の行き先は、この《美女と野獣…》。そのため**通常開園時間に着くと60分待ちくらいになることも**珍しくありません。特典を使うなら「この15分間が勝負！」だと思って早起きし、ハッピーエントリー入園時刻の30分前からゲートで待機するのがベスト！

最安ホテルなら1泊
平日2.5万円前後、
休前日3.5万円前後、
休日4万円前後

《トイ・ストーリーホテル》か
《東京ディズニー
セレブレージョンホテル》が
コスパ◎

名曲とともに、名シーンが目の前に！

映画冒頭と同じ物語のプレショー

ライドへ

まるでダンスをしている ような感覚を味わえる、 不思議な動き！

最後尾がもっとも見やすいため 部屋に入ったら中央後方へ！ 暗い＋雷＋野獣の吠えには 子どもが泣き出すことも多いので気を付けて！

♪ひとりぼっちの晩餐会♪ ルミエールのおもてなしで ベルの座るテーブルに次々と 料理が現われる演出は必見！

♪愛の芽生え♪ 雪積もる庭で 2人の思いが通じ合っていく

雪積もる庭で心の距離を縮める

晩餐会

♪夜襲の歌♪

真実の愛を見つけて 野獣の呪いが解ける瞬間は まさに魔法のよう！

夜襲、そして魔法が解ける瞬間

感動のフィナーレ

♪美女と野獣♪ 呪いが解けた城の住人たちと ダンスホールで舞踏会！ まるでダンスをしているかのような 動きに酔いしれて！

アトラクション以外も見どころいっぱい！
ベルになった気分で『美女と野獣』エリアをお散歩！

『美女と野獣』エリアには、ベルの住む村が再現されています。《プーさんのハニーハント》(P49) 側から入ると、劇中のベルと同じ視点で村を歩けるので感動が倍増！　このエリアでしか食べられないメニューもたくさんあり、映画に登場するガストンの酒場を再現した《ラ・タベルヌ・ド・ガストン》では、アルコールに加えて、子どもも飲める人気のビール風ドリンクを販売しています。

イチオシメニュー

ビッグバイト・クロワッサン　780円

LA TAVERDE DE GASTON

かきまぜると…
口ひげが作れる
くらいの泡！

ベリーチアーズ　500円

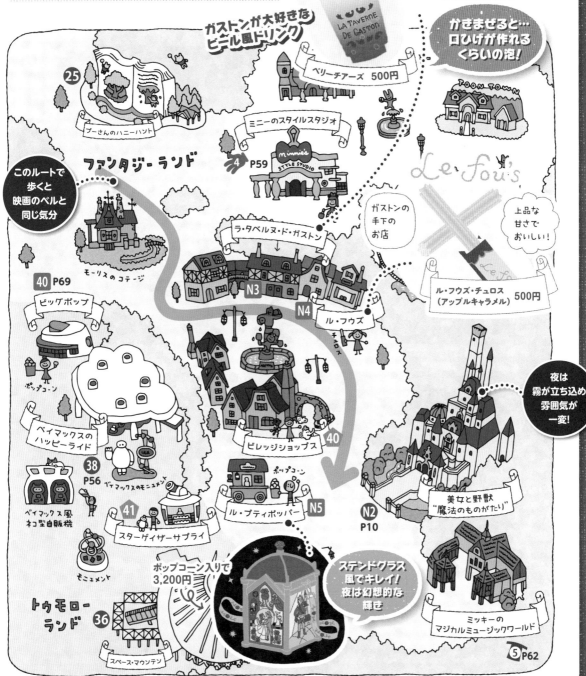

ガストンが大好きな
ビール風ドリンク

25　プーさんのハニーハント

ミニーのスタイルスタジオ
minnie's STYLE STUDIO

4　P59

TOON TOWN

Le fou's

ガストンの
手下の
お店

上品な
甘さで
おいしい！

ル・フウズ・チュロス
（アップルキャラメル）　500円

このルートで
歩くと
映画のベルと
同じ気分

ファンタジーランド

モーリスのコテージ

ラ・タベルヌ・ド・ガストン

N3

N4

ル・フウズ
チュロス

40　P69

ビッグポップ

ポップコーン

ベイマックスの
ハッピーライド

ビレッジショップス

40

夜は
霧が立ち込め
雰囲気が
一変！

38　P56
ベイマックスのモニュメント

ベイマックス風
ネコ型自販機

41　スターゲイザーサプライ

モニュメント

ル・プティポッパー

ポップコーン

N5

N2
P10

美女と野獣
"魔法のものがたり"

ポップコーン入りで
3,200円

ステンドグラス
風でキレイ！
夜は幻想的な
輝き

トゥモローランド

36

スペース・マウンテン

ミッキーの
マジカルミュージックワールド

5　P62

約3年ぶり、夜のハーバーショー
見ないと後悔！ 驚愕のTDS新ショー
《ビリーヴ！ 〜シー・オブ・ドリームス〜》

2024年 1月9日〜2月5日、 2月16日休止

場所
メディテレーニアンハーバー
公演時刻
1日1回、19:30〜 ※2023年10月の場合
所要時間
約32分間

有料パスを買ってでも見るべきショー！

2022年11月11日にスタートした新しい夜のハーバーショー！ 〈メディテレーニアンハーバー〉の水上で繰り広げられるこのショーは、光・映像・水・花火の演出以外に、東京ディズニーシー・ホテルミラコスタの外壁にプロジェクションマッピングを投影する初の演出など、**360度に見どころいっぱいの今までにないショー**です！スタート直後はすさまじい混雑でしたが、現在は落ち着いており、鑑賞場所も選択肢が多くあります。絶対見るべきショーの見どころや楽しむコツをお届け！

プライオリティパス 有料パス（DPA） シングルライダー

ここに感動！ ビリーヴのスゴさ

> 一度は
よい場所から
見てほしい

① 数々のディズニー映画が目の前で圧巻の再現

② ミゲル（リメンバー・ミー）、モアナがTDR初登場

③ アナ雪のエルサもTDSに初登場

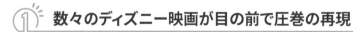

> ピーター・パン、アナ雪、ラプンツェルは、2024年にオープンするTDS新テーマポートの主役！

④ ミラコスタへの映像投影は初

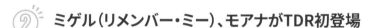

> 360度どこからでも楽しめる！見どころが多すぎて一度ですべてを見きれない！

⑤ プロメテウス火山にも映像投影

⑥ 6つの水上バージ（船）が繰り広げる映像・光・水の演出

水上ショーだけど…
雨にメチャ弱！

ザーザー降るような雨でも公演されていた以前の夜のショー《ファンタズミック！》とは違って、《ビリーヴ！…》は**小雨くらいの雨でも中止**になります。梅雨など雨の多い時期にこのショー目当てでパークに行くのは、避けたほうが無難かも。

どこが見やすい？ ベストポジションを探せ！
360度、何度見ても楽しめる！　有料パスもコスパ◎

360度楽しめる＋有料パス（DPA、P6）のエリアも広いショーなので、どこで見るか、有料パスを買うか、悩ましいところ！　ショースタート後の混雑も落ち着き、長時間待たなくても良い場所で鑑賞することができます。この鑑賞マップを参考に、ベストポジションを探そう！

休日は激戦！ 誰でも鑑賞できるエリア
鑑賞場所によって印象も変わる！いろんな楽しみ方ができる！

ショースタート直後と比べて有料パス等のエリアが減り、待てば誰でも鑑賞できるエリアの選択肢が増えました！水上の船や花火、火山のマッピング、ミラコスタのマッピングと、360度楽しめるショーだけに、場所によって見やすいものが違ってきます。穴場の鑑賞場所があるので、下記マップを参考にどのくらい待てるかを考慮しながら鑑賞場所を決めてみてください。オススメ度が低くても、360度楽しめるショーなので満足感はあります！　ただし、土曜日や連休中日などの混雑日は激戦なので、そういう日こそ有料パスを買う意味があります！

イチオシ！ 有料パス（DPA）
1人2500円の有料エリア！入園直後に迷わず買おう！

入園後に公式アプリ上で購入できる有料パス。休日は午前中、平日でも15時頃には完売することが多いので、入園直後に購入を！購入時に①か②の鑑賞エリアを選択できます。公演の約2時間前から入場でき、自由席＝先着順。そのため最前列狙いで早めに入場する人も。座り見エリアを狙うなら、公演直前では満席になるので、遅くとも30分前、できれば1時間前には入場しましょう。

天候等でショーが中止の場合は払い戻し！

高くても価値アリ バケーションパッケージ
予算があるならコレ！鑑賞エリアは❹一択！

公式宿泊プランのバケパ席は指定席（座り見）で、待たずによい場所で鑑賞できます。水上だけでなくミラコスタや火山のマッピングも視界に入る専用鑑賞席❹がダントツで見やすく、高額ながらそれだけの価値があるので、圧倒的にオススメ！　❸❹❹エリアは、前にある柵が鑑賞時にやや目ざわりで、❹＞❸＞❹の順でオススメです。

鑑賞エリア （2023年10月現在）

マッピング含めて全体を楽しめる！
混雑度 ★★☆☆☆
オススメ度 ★★★★☆

ショーエリアから少し遠く見づらい
混雑度 ★★★☆☆
オススメ度 ★☆☆☆☆

あまり待ちたくないなら選択肢としてアリ
混雑度 ★☆☆☆☆
オススメ度 ★★☆☆☆

マッピングが見にくいけど建物で寒さがしのげる！
混雑度 ★★★☆☆
オススメ度 ★★☆☆☆

マッピングも水上も近くで見られる！
混雑度 ★★★★☆
オススメ度 ★★★★☆

筆者クロロがイチオシの場所

水上メインで見たいならココ！
混雑度 ★★★★★
オススメ度 ★★★★★

ミラコスタ側プロジェクションマッピングが映される範囲

レストランから鑑賞する裏技はP100

ディズニー・プレミアアクセス（DPA＝有料パス、P6）　　バケーションパッケージ（P9）

7つの映画をハーバー上で再現！
約32分の長編ショー！ このシーンを見逃すな！

Story

物語の舞台は、
心からの願いが星となって輝く場所
"シー・オブ・ドリームス"。
かなえられた願いは流れ星となり、
希望をなくした願いの星は光を失う。
困難が立ちはだかったとき、夢を見失いそうなとき、
信じる力とあきらめない心が
"願い星"に輝きをよみがえらせる。
夢を信じつづけるディズニーの物語。

オープニング『ピーター・パン』

建物へのマッピング
レーザー、ライトで
360度が見どころに！

ディズニーの仲間たちの願い星へ

『アラジン』

王子様に
なりたいと
願うアラジンに、
ジーニーが
魔法をかける！

『塔の上のラプンツェル』

「自由への扉」
塔を抜け出し、
初めて
外の世界へ！

『リメンバー・ミー』

音楽を志す
ミゲルが、
名曲を次々と
披露！

噴水で
死者の国への
橋を再現！

『リトル・マーメイド』

人間になりたい
と願う
アリエルは、
アースラと取引。

怪しく不気味な
海に…

プリンス＆プリンセス

『輝く未来』
『ホール・ニュー・ワールド』
『パート・オブ・
ユア・ワールド』の
3曲メドレー。
願いのこもった
そのハーモニーは
圧巻！

『モアナと伝説の海』『アナと雪の女王2』

困難に
立ち向かい、
あきらめずに
信じ続ける心が
胸に迫りくる
名シーン。

映画とリンクした
演出に感動！

知らないと置いてけぼり？

映画を見れば感動3倍

単なる名シーンの再現だけでなく、各
映画の主人公の心情を深く表現している
ショー。それが全体を貫くストーリーにも
なっているので、映画を見ていないと置
いてけぼり感も。最低限、次の3作を事前
に見ておくと、感動が3倍は増します！

モアナと伝説の海　　リメンバー・ミー

アナと雪の女王2

フィナーレ

ミッキー＆
フレンズが登場！
テーマ曲は
MISIAの
『君の願いが
世界を輝かす』。

みんなの願いがひとつに！
花火が大迫力のフィナーレ

キャラ総出演のショーも2023年7月にスタート！
ココに行けば、ダッフィー＆フレンズに会える！

N3 ダイニングショー
《ダッフィー＆フレンズのワンダフル・フレンドシップ》

コロナ禍以降、約2年半も休止していたダッフィー＆フレンズのショーが復活！ **食事も一緒に楽しめるショーレストラン《ケープコッド・クックオフ》で開催されています。** ダッフィー＆フレンズの**7キャラ**が総出演し、全員で力を合わせてパーティーを作り上げるハートフルなストーリー。ショーの上演は約1時間の食事時間後なので、慌てて食べる必要はありません。客席数が多く、広いため、B席だとかなり遠く感じます。大人料金でも1,000円しか違わないので、間違いなくS席がオススメ！

場所	20 ケープコッド・クックオフ
公演回数	1日4回 約75分（うちショーは約20分）

1カ月前 9:00から 予約開始！

近い＆料金に大きな差がないS席がオススメ！

人気のため予約は激戦！

客席に段差がないので、B席はやや見づらい！

ステージ

S

A

B

← レジカウンター

	大人	小人 (4〜11才)
S席	3,600円	3,100円
A席	3,100円	2,600円
B席	2,600円	2,100円

⚓ ダッフィー＆フレンズの仲間たち ✖

ダッフィー
- ミニーがミッキーにプレゼントした手作りのテディベア
- 2004年の初登場時は「ディズニーベア」と呼ばれていた

シェリーメイ
- 2010年に登場した、クマの女の子
- ハートの形をした貝殻（シェル）のペンダントを身に着けているのでシェリーメイ

ジェラトーニ
- 2014年に登場した、絵を描くことが大好きなネコの男の子
- ダッフィーが落としたジェラートを使って絵を描いたことで仲良くなった

ステラ・ルー
- 2017年に登場した、うさぎの女の子
- ブロードウェイのステージに立つことを夢見てダンスを練習

グッズ販売日はスタンバイパスも即発券終了!?
グッズ＆メニュー

グッズはどこも変わらない品揃え！フードメニューはクックオフ！

　グッズは下記マップの4店舗（★）で販売されており、**品揃えはどこも基本的に同じ**。また、公式アプリ上でも購入できるので、ぜひ利用を！フードメニューがすべてそろっているのは《ケープコッド・クックオフ》で、他（★）では一部のスーベニア付きメニューのみ扱っています。

スタンバイパスを発券しているか必ず確認しよう！

　グッズやメニューを販売している店舗(★★)は、しばしばスタンバイパス(P7)の対象になります。とはいえ、新グッズや新メニューの**発売直後以外は、スタンバイパスを発券しない日がほとんど**。お目当てのグッズやメニューがある場合、入園したらまず、発券の有無を確認しましょう！

ダッフィー＆フレンズマップ
2023年10月現在

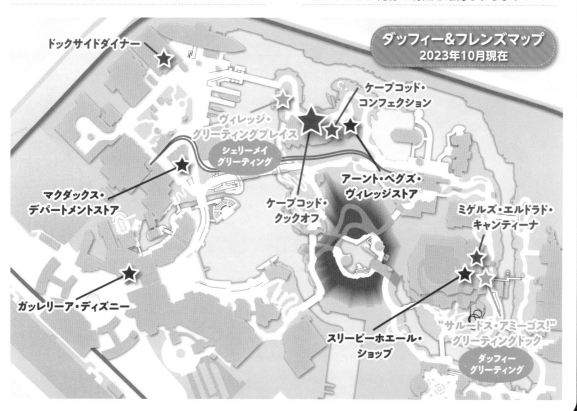

ドックサイドダイナー

ケープコッド・コンフェクション

ヴィレッジ・グリーティングプレイス
シェリーメイグリーティング

マクダックス・デパートメントストア

アーント・ペグズ・ヴィレッジストア

ケープコッド・クックオフ

ミゲルズ・エルドラド・キャンティーナ

ガッレリーア・ディズニー

スリーピーホエール・ショップ

"サルードス・アミーゴス！"グリーティングドック
ダッフィーグリーティング

オル・メル
- 2020年に登場した、カメの男の子
- 音楽が大好きで、ウクレレで弾き語りする

クッキー・アン
- 2019年に登場した、料理好きな好奇心あふれるイヌの女の子
- 「わたあめワッフル」を作ったことで、ダッフィーと仲良くなった

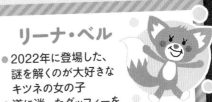

リーナ・ベル
- 2022年に登場した、謎を解くのが大好きなキツネの女の子
- 道に迷ったダッフィーを虫メガネでよ～く観察して、ミッキーのもとへ連れ戻してくれた

2022年4月にオープンした最新ディズニーホテル
トイ・ストーリーホテルを徹底解剖!

TDRで5つめのディズニーホテル!

2022年4月5日に、東京ディズニーリゾート5つめのディズニーホテル『東京ディズニーリゾート・トイ・ストーリーホテル』がオープン! ディズニー／ピクサー映画『トイ・ストーリー』をテーマにしたこのホテルの魅力はもちろん、**実際に泊まってわかったおすすめポイント**、**直営ホテルならではの宿泊特典**など、新ホテルを徹底解剖します!

客室数	595室
価格帯	2.5〜4万円
最寄り駅	ディズニーリゾートライン ベイサイド・ステーション

エントランス前にはボードゲームが広がるスリンキー・ドッグパーク

泊まってわかった!

トイ・ストーリーホテルのここがイイ!

①コスパ抜群のディズニーホテル

まずうれしいのは、手が出やすい価格! **平日なら2.5万〜4万円、休日でも4万〜5万円**と、ディズニーホテルの中では抑えめな価格設定。

しかも、アクセスのよさや他のディズニーホテルとは一線を画す楽しさあふれる雰囲気もあって、コスパは抜群です! **595ある客室のうち575室がスタンダードルーム**という超シンプルな設計。パーク側、東京湾側、中庭側といった景観の違いだけで、ほぼすべての客室が同タイプです。**定員は大人3or4名**で、ファミリー客が利用しやすい設定となっているのもうれしいポイントです。

②リゾート内でアクセス良

低価格な「東京ディズニーセレブレーションホテル」は、TDRから離れた新浦安エリアにあるためシャトルバスでの移動になりますが、このホテルは**ディズニーリゾートラインの駅正面**にあり、パークまでのアクセスも良好です!

③遊び場いっぱい楽しい空間

エントランス正面のスリンキー・ドッグパークにはボードゲームが描かれていて、大きなバズ＆ジェシーも! 中庭のトイフレンズ・スクエアには、ウッディなどおなじみのトイたちが! **こどもが楽しめる仕掛けがたっぷりあるのが魅力的。**

客室はアンディの部屋をイメージ！
おもちゃサイズの感覚が味わえる

客室は、映画『トイ・ストーリー』シリーズ1作目のアンディの部屋をイメージした内装。ホテル外観にも描かれている青い空と白い雲の壁紙を見るだけで、テンションが上がること間違いなし！ミッキーの大きな腕時計やおもちゃのような備品があって、自分がおもちゃサイズになったかのような感覚を味わえます。

ホテルの中庭エリアが見える
スクエアビューの客室も人気！

凹字型になっているホテル中心部分の中庭には、トイフレンズ・スクエアがあります。約4mの大きなウッディやボー・ピープの像があるこの中庭はプレイグラウンドになっていて、ホテル宿泊者は24時間入場可。中庭エリアが見えるスクエアビューの客室は、**このホテルならではの景観が味わえるので、大人気です。**

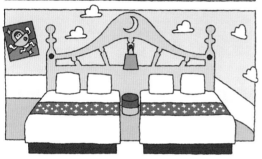

注意点
① ホテルの敷地が広く
駅からは意外と歩く！

ホテル自体はディズニーリゾートラインのベイサイド・ステーション正面にありますが、建物は敷地の奥にあります。立体駐車場の脇を抜けて、エントランス前の広場を通ってようやくロビーに入れるので、**こどもと一緒だと5分ほど歩くことになります。**また、**パークまではリゾートライン往復分の交通費がかかることもお忘れなく！**

注意点
② コスパがよい新ホテルなので
予約は激戦！

ディズニーホテルの中でもキャラクター色が強いことに加え、絶大な知名度を誇る『トイ・ストーリー』をテーマにした新ホテルなので、たいへんな人気です。さらに、料金も手が届きやすい価格帯なので、**人気No.1のミラコスタに次ぐ予約の取りにくさです。**予約時は、事前にしっかりと準備（P23、30）をして、争奪戦に挑みましょう！

朝食は混み合うので、
ホテル内レストランの予約も忘れずに！

ホテル内には、『トイ・ストーリー3』に登場するピンクのくまのぬいぐるみ、ロッツォをテーマにしたレストラン《ロッツォ・ガーデンカフェ》があります。**多くの宿泊者がパークの開園時間に合わせて朝食を利用して混雑するため、**ホテル予約後に忘れずにレストランも予約しましょう！

	ブレックファスト 6:30～10:30	ディナー 17:00～21:00
大人（13才以上）	3,400円	4,700円
中人（7～12才）	2,000円	2,600円
小人（4～6才）	1,300円	1,700円
3才以下	無料	

※ 2023年11月1日（水）～2024年1月8日（月）のディナーは特別料金

そもそも「ディズニーホテル」って何!? な人へ
憧れ! ディズニーホテルでパーク攻略

宿泊特典が豪華な直営ホテル!

現在5つあるディズニーホテルは、いわゆる直営ホテル。パークで過ごすのがグッとラクになる宿泊特典が満載! 周辺ホテルと比べて料金は高めですが、ディズニーの雰囲気に包まれた豪華さで、一度は泊まってみたい憧れのホテル!

トイ・ストーリーホテル
（価格帯2.5万〜5万円）
と比べてみよう!

ディズニーアンバサダーホテル
価格帯 4万〜9万円

ミッキーやドナルドのイメージそのまま!

キャラ好きなら一度は泊まりたいキャラクタールーム!

ミッキー、ミニー、ドナルド、チップ&デール、スティッチの5種類

アンバサダーホテルのここがイイ!

1 キャラ好きにはたまらない客室

2 ランドホテル、ミラコスタと比べて客室料金が安め

3 レストランが充実! シェフ・ミッキーの朝食は宿泊者限定

東京ディズニーランドホテル
価格帯 4万〜9万円

アリス、ティンカーベル、美女と野獣、シンデレラのファンタジーな客室にうっとり

壁のくぼみを使ったアルコーヴベッドがある客室はランドホテルならでは

ランドホテルのここがイイ!

1 アリスや美女と野獣などファンタジーな世界観の客室が魅力

2 全室40m²以上! ディズニーホテルの中でもっとも広々とした客室

3 客室数が多く予約がとりやすい

東京ディズニーシー・ホテルミラコスタ
価格帯 6万〜12万円

ミラコスタに泊まるなら
ゴンドラがある運河側のヴェネツィア・サイド or ハーバーが見えるポルト・パラディーゾ・サイド

パークの景色を一晩中楽しめる!

ミラコスタのここがイイ!

1 TDSの最高の景色と雰囲気の中で一晩過ごせる

2 TDSに15分前入園可!

3 ハーバーショーが見られるレストランは超人気!

夜間の清掃、早朝の開園準備、ショーのリハーサルが見られることも!

東京ディズニーセレブレーションホテル
価格帯 2.5万〜5万円

泊まり心地よりも宿泊特典と安さ重視ならかなり使えるホテル!

TDRから離れた新浦安エリアなのでパークまではシャトルバス

冒険や発見がテーマ ディスカバー
夢やファンタジーがテーマ ウィッシュ

ディスカバー&ウィッシュの2つの棟からなる!

セレブレーションホテルのここがイイ!

1 ディズニーホテルの中で頭ひとつ抜けた安さ

2 15分前入園などパーク攻略優先なら最高の宿泊先

3 大人4名で泊まれる客室が豊富

Q1.パークへのアクセスは?

	TDL	TDS
アンバサダー	シャトルバス（5分）	
ランドホテル	徒歩	リゾートライン
ミラコスタ	リゾートライン	徒歩
トイ・ストーリー	リゾートライン	
セレブレーション	シャトルバス（20分）	

Q2.予約の取りづらさは?

1位	東京ディズニーシー・ホテルミラコスタ
2位	東京ディズニーリゾート・トイ・ストーリーホテル
3位 タイ	ディズニーアンバサダーホテル
	東京ディズニーランドホテル
5位	東京ディズニーセレブレーションホテル

パーク攻略に有利すぎる!? 宿泊特典

①開園15分前に入園できる!

チェックイン日を除く滞在日・チェックアウト日に、通常開園時間の15分前から入園できる『ハッピーエントリー』が利用できます。下記表のように、ホテルによって利用できるパークが異なっているので、TDSで利用したい場合は注意が必要。

	TDL	TDS
アンバサダー ランドホテル ミラコスタ	○	○
トイ・ストーリー セレブレーション	○	×

TDSは 対象ホテルが 限られる!

TDLの超人気アトラク《美女と野獣…》(P10)も短い待ち時間で体験できるので、有料パス(DPA、P6)級の神特典! また、イベント期間限定の大規模なショーやパレードが公演されていたコロナ以前は、よい観賞場所を確保するためにこの特典で入園後にすぐに場所取りをする人も大勢いました。

②パークチケット確実ゲット!

ディズニーホテルに宿泊すれば、パークチケットが確実に入手可能! チェックイン日からチェックアウト日までの1デーパスポートを、1人1日1枚購入できます。公式サイト上でパークチケットが完売している日でも購入できるので安心!

券種は 1デーパスのみ! → 購入は ホテル内で!

6～8時と20時以降は 人が集中し、 購入に時間がかかるので注意!

③レストランの優先予約

パーク内とディズニーホテル内の一部レストランには、優先的に席に案内してもらえる「プライオリティ・シーティング(PS)」という予約システムがあります。ディズニーホテル宿泊者には専用の別枠が用意されているので、通常予約では満席の日や時間帯でも予約できるチャンスあり!

例えば、こんな使い方!

TDL! 美女と野獣 を体験!

TDS! ソアリン を体験!

イベント期間限定ショーや パレードの場所取り!

ただし、1月などの閑散期を除いて、開園時間が9時の表示でも実際は8時15分～45分までに開園する日がほとんどなので、遅くとも8時には入園ゲートに着いている必要があります。それを念頭に、朝食のスケジュールを組むのがオススメ。

Check! 遅くとも 8時には 入園ゲートへ!

ディズニーホテルの 予約はいつから? どこで?

公式サイトでの客室予約は、3カ月前の同日11:00から予約が開始されます。とくに人気があるミラコスタやトイ・ストーリーホテルは、予約開始時に忘れずにアクセスするよう備えましょう!

例①
11月18日の予約が取りたい
→8月18日11:00予約開始

例②
7月31日の予約が取りたい
→5月1日11:00予約開始

※31日など、同日がない場合は翌月1日

Point! 15分前にはアクセス!

「ホテル」→「ホテルから選ぶ」※→
「客室の空き状況を確認する」で待機
↓
予約開始と同時にアクセス!
※「日付から選ぶ」は予約受付中の日しか選択できないため

超快適な宿泊プラン バケーション パッケージも検討を! →P9へ

コロナ禍でこれだけ変わった！
今のパークの楽しみ方、すべて教えます！

TDL・TDSでは、コロナ禍の3年間で楽しみ方が大きく変わりました。ファストパスがなくなったかと思うと実質復活したり、さまざまな新システムや新サービスなどが登場したりと、戸惑う人も多いはず。

待ち時間が短い「開園直後」を狙え！
攻略の基本！ 開園待ちで空いてるパークへ

TDL TDSの営業時間

開園時間	**9:00**
閉園時間	**21:00**

※2023年10月現在

実際の入園時間は…

	平日	土日祝
TDL	8:30〜	8:15〜
TDS	8:45〜	8:30〜

ディズニーホテル宿泊者はさらに15分早く入園可能(P23)

人気アトラクに乗るなら遅くとも8時には開園待ちを！

まずはパークチケットを事前に準備！
知っておきたい2つのタイプ

1日券

1デーパスポート
1デーパスポート（障がいのある方向け）

3歳までは無料！

TDL・TDSどちらかのパークで、開園時間から閉園時間まで1日中遊べる基本のパークチケット。単純に滞在時間が長いことに加え、開園時間から入園したほうができることも多くなるので、何か事情がなければ、まず1デーパスを購入しよう！

2日券以上のパークチケットは現在休止中！

たまにお得な割引パスの発売アリ！
公式サイトをこまめにチェックしよう

入園時間指定券

休日15:00〜　アーリーイブニングパスポート
平日17:00〜　ウィークナイトパスポート

TDL・TDSどちらかのパークに、指定の時間以降に入園できるパークチケット。1デーパスと時間あたりの料金を比べると割高感は否めませんが、遠方から到着した日に午後から入園したいとか、学校・仕事帰りに入園したいといった事情がある人には使い勝手のいいパークチケット！

ただし、時短に役立つパス類（P6）はたいてい入園時間までに発券終了or完売しちゃいます

行く日によってチケット代は変わる！ 2023年10月から6段階の料金に

パークチケットは、混み具合に応じて料金が変わる変動制です。基本的に平日ど真ん中が安く、土日は高い設定ですが、2023年10月に従来の4段階から6段階へと変動幅が広がり、混雑日は実質値上げに。1デーパス大人で最大3,000円もの差があるので、行く時期・日がこれまで以上に重要です！

例：1デーパスポート大人の料金と設定日の目安

7,900円	8,400円	8,900円	9,400円	9,900円	10,900円
＊閑散期（1月）平日	＊普通の平日 ＊閑散期（1月）の日曜	＊混雑する時期（9〜11月）の平日 ＊閑散期（1月）の土曜 ＊普通の日曜	＊激混み（3月/10月末/12月）の平日 ＊普通の土曜 ＊混雑する時期（9〜11月）の日曜	＊混雑する時期（9〜11月）の土曜 ＊激混みの日曜（3月/9〜12月）	＊激混み（3月/9〜12月）の土曜 ＊連休中日 ＊ゴールデンウィーク ＊お盆 ＊年末年始

パークチケット　よくある質問

Q1 パークに行けばチケットを買える？
A1 買えません！

コロナ以前は、エントランスのチケットブースでチケットを購入できましたが、現在はオンラインでの購入が基本で、**パークでは買えません**。

Q2 当日でもチケットを買える？
A2 完売していなければ、買えます！

パークチケットは、**完売していなければ当日でも販売**されています。1デーはもちろん入園時間指定チケットも、売れ残っていれば当日も購入可。

Q3 行けなくなったときは、払い戻しできる？
A3 できません！
有効期限内なら日付を変更して使える！

パークチケットの払い戻しはできません。しかし、公式サイトで購入したパークチケットにかぎり、**購入日から1年間の有効期限内であれば、公式サイト上の「予約・購入履歴」から日付の変更ができます**。2023年4月より、券種やパークの変更はできなくなりました。

Q4 チケットはいつから買えるの？
A4 2カ月前の14時から！
ただし、31日のチケットは要注意！

パークチケットは、公式サイトでは2カ月前の同日14:00からの販売。例えば、11月18日に行きたい場合、9月18日14:00からパークチケットが購入できます。31日のように、**2カ月前に同日がない場合は翌月1日からの販売**。例えば、8月31日に行きたい場合は、7月1日14:00から購入可能。

Q5 今って紙のチケットはないの？
A5 あるけど結局、当日スマホに読み込ませないと使えないことばかり

今のパークチケットは**基本的にスマホに電子チケット（二次元コード）を表示させて利用**します。バケーションパッケージ（P9）やディズニーホテルで購入（P23）した場合などは、従来型の紙のパークチケットが発券され、それを使って入園しますが、プライオリティパス（P6）や有料パス（DPA、P6）、ショーの抽選（P7）などの手続きやグッズのオンライン購入（P120）では公式アプリにそれを読み込ませる必要があります。**今のパークにスマホは必須です！**

ここをタップ

入園はこの二次元コードで！

チケットは複数枚表示できる！名前を変えて、誰のチケットかわかるようにしよう！

チケット確保　3つのオススメ購入法

① 公式サイトで日付指定券を事前購入

② ディズニーホテルに宿泊orバケパ

③ TDR提携ホテルのチケット付きプラン

基本は公式サイトからの購入！日付やパークの変更が簡単！

宿泊せず、パークチケットだけを購入する場合は、公式サイトへ！　コンビニや旅行代理店等でも購入できますが、その場合、上記Q3の日付・パーク変更の手続きが複雑になり、有効期限も1カ月しかないので、オススメできません。公式サイトで購入すれば**有効期限1年**で、**予約・購入履歴からいつでも変更でき**、万一のときも安心！

完売していたら宿泊という手も！提携ホテルにもチケット付きプランあり

ディズニーホテル宿泊者は、①で完売の日でも人数分のパークチケットを購入可能（P23）。予算がある人にとくにオススメなのが、ディズニーホテルの宿泊に**パークチケットやアトラクション利用券などがセット**になった公式プラン「バケーションパッケージ」（通称バケパ P9）！　また、TDR周辺の提携ホテルにもチケット付きプランがあります。

空いてる日&イベント丸わかり！ ディズニー攻略カレンダー

こんな日はパークが混む！ 混雑の基礎知識

混雑する曜日は土曜と月曜！ 土日に行くなら絶対に日曜に

1週間の曜日では、**土>日>月>金>火水木**の順で混む傾向にあります。次の日が休日の土曜が一番混雑し、日曜は夜になると空きます。平日の中では土日から連泊の人が多い月曜（休日明けの火曜なども同様）が混雑し、学校行事の代休などで、土日並みに混雑することも。金曜は、土日に連泊する人が多いことに加え、学校や仕事帰りに来園する人も多く、夜まで混雑が続きます。火水木は目に見えるほどの違いはなくほぼ同じ。

屋外施設なので、天気の影響が大きく、**悪天候の日ほど空きます**。注意すべきは土日や連休中の雨。その前後の晴れた休日に人が集中しがちです。

連休は中日に混雑が集中します！ 連休最終日は驚くほど空くことも

連休は中日が激混みになります。逆に最終日は、翌日からの仕事や学校に備えて外出を控える人が多いからか、驚くほど空くことも。GWやお盆などの大型連休は、他の観光地に人気が分散するため、近年は意外と空いています。

県民の日や入試日など平日に予想外の激混みになることも！

平日に思わぬ混雑になる場合もあります。2月は高校入試が多く、**公立校が休校となる入試日は学生で激混み**になります。また、**6月2日**（横浜開港記念日）、**6月15日**（千葉県民の日）、**10月1日**（東京都民の日）、**11月14日**（埼玉県民の日）も混雑する日です。

またTDL、TDSはともに通常21時閉園ですが、夜間貸切営業で片方が18時閉園になることがあります。このような日は、夜間貸切営業のほうは空きますが、もう片方に人が流れるので、通常営業のほうは混雑します。

イベント初日はファンが殺到し、ショーやパレードが大混雑。ただしアトラクションには影響なし。映画効果で超人気になった2015年のアナ雪イベントのような例外もありますが、イベント期間中ずっと激混みになることはまずありません。

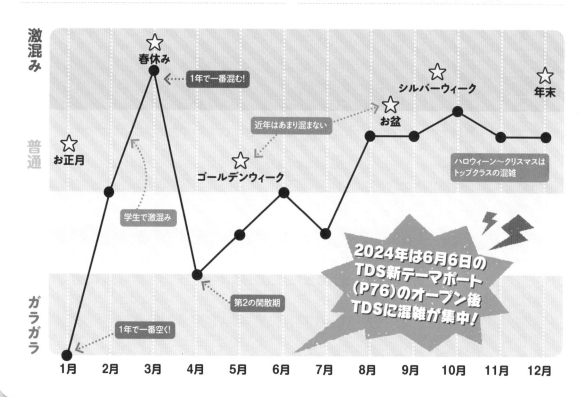

凡例

A 激混み入園制限レベル	**D** 混雑する時期の平日レベル	
B 混雑する時期の土日レベル	**E** 普通の平日レベル	
C 普通の土日レベル	**F** ガラガラの日レベル	**①** 祝日

1月　1年で一番空いている！三連休後はガラガラに！

日	月	火	水	木	金	土
	①	2	3	4	5	6
7	⑧	9	10	11	12	13
14	15	16	17	18	19	20
21	22	23	24	25	26	27
28	29	30	31			

2月　入園者数は少ない時期だけど入試休みでアトラクが超混雑

日	月	火	水	木	金	土
				1	2	3
4	5	6	7	8	9	10
⑪	⑫	13	14	15	16	17
18	19	20	21	22	㉓	24
25	26	27	28	29		

3月　平日も土日も、毎日が激混み！1年で一番混む地獄の春休み

日	月	火	水	木	金	土
					1	2
3	4	5	6	7	8	9
10	11	12	13	14	15	16
17	18	19	⑳	21	22	23
24/31	25	26	27	28	29	30

4月　新年度で空く第二の閑散期 気候も穏やかで一番オススメの時期

日	月	火	水	木	金	土
	1	2	3	4	5	6
7	8	9	10	11	12	13
14	15	16	17	18	19	20
21	22	23	24	25	26	27
28	㉙	30				

季節のプログラム

※本書制作時に2024年度のイベントスケジュールが未発表だったため、例年開催されているイベントを掲載しています。実際に行なわれるイベントについては、公式サイトでご確認ください。

TDL	TDS

1月1日～1月8日　お正月のスペシャルイベント

例年、両パークで《ニューイヤーズ・グリーティング》を公演。貴重な和服姿のミッキーたちが登場するので見逃せない！　干支をテーマにしたグッズやメニューのほか、両パークのエントランス付近には門松のデコレーションも設置され、和の雰囲気溢れるパークが楽しめます。

～2024年3月31日　東京ディズニーリゾート40周年 “ドリームゴーラウンド”

1年にわたって開催された40周年イベントが、3月で終わりを迎えます。グッズやメニュー、デコレーションはイベント期間が終わると同時に終了しますが、TDLの新パレードは今後も継続して公演されるレギュラーパレードです。3月は1年の中でもっとも混雑する時期なので、パレード目当てなら4月以降がオススメ！

例年は…

1月10日～3月19日　新イベントシリーズ「ディズニー・パルパルーザ」第1弾 ミニーのファンダーランド

2期にわたって開催される新イベントの第1弾は、“ミニーが夢に描いた大好きなものでいっぱいのファンタジーな世界”がテーマ。フロート6台で、停止場所によって演出が異なるパレード《ミニー@ファンダーランド》を公演します。

1月上旬～3月中旬　タワー・オブ・テラー “アンリミテッド”

学生向け割引パス「キャンパスデーパスポート」の販売期間と同時に、アトラクション〈タワー・オブ・テラー〉が複数の落下パターンが楽しめる期間限定“最恐”バージョンに。

4月9日～未定　新イベントシリーズ「ディズニー・パルパルーザ」第2弾

内容は未発表のため、今後の情報に注目！

これだけ変わった! 今のパークの楽しみ方

5月 今度のGWは4連休に混雑集中! 下旬の月曜は学校行事の代休で混雑

日	月	火	水	木	金	土
			1	2	③	④
⑤	⑥	7	8	9	10	11
12	13	14	15	16	17	18
19	20	21	22	23	24	25
26	27	28	29	30	31	

6月 梅雨の悪天候が大敵! TDSは新エリアオープン以降、混雑度+1で考えて!

日	月	火	水	木	金	土
						1
2	3	4	5	6	7	8
9	10	11	12	13	14	15
16	17	18	19	20	21	22
23 / 30	24	25	26	27	28	29

ここからTDSは混雑度+1レベル

7月 夏休みに行くなら7月中! 暑さも混雑も本番になる前に!

日	月	火	水	木	金	土
	1	2	3	4	5	6
7	8	9	10	11	12	13
14	⑮	16	17	18	19	20
21	22	23	24	25	26	27
28	29	30	31			

8月 とにかく暑さに注意! お盆期間も激混みにはなりません

日	月	火	水	木	金	土
				1	2	3
4	5	6	7	8	9	10
⑪	⑫	13	14	15	16	17
18	19	20	21	22	23	24
25	26	27	28	29	30	31

季節のプログラム

※本書制作時に2024年度のイベントスケジュールが未発表だったため、例年開催されているイベントを掲載しています。実際に行なわれるイベントについては、公式サイトでご確認ください。

TDL	TDS

6月6日オープン 新テーマポート ファンタジー・スプリングス

待望の8つ目のテーマポート(P76)がオープンします。「ピーター・パン」「塔の上のラプンツェル」「アナと雪の女王」の3作品のエリアが存在し、4つのアトラクションとレストラン・ショップ・ホテルが誕生します。オープン直後は大変な混雑が予想され、エリアに入場するのも難しい状況になりそうなので、バケパ(P9)の利用などをオススメします。

2023年は…

7月上旬～9月上旬 夏の東京ディズニーリゾート

TDLでは日中にベイマックスの散水パレードが、TDSではダッフィー&フレンズが登場する水上グリーティングが公演されました。

2023年は…

7月上旬～9月上旬 スプラッシュ・マウンテン "びしょ濡れMAX"

2022年と2023年に実施された、水が大増量した夏限定バージョン。最前列から最後列までずぶ濡れに!

2023年は…

7月上旬～9月上旬 アクアトピア "びしょ濡れバージョン"

毎年実施されている "びしょ濡れ" コースが登場するバージョン。上半身がずぶ濡れに! 2023年はこの期間のみプライオリティパス(P6)の対象となりました。

9月 — 三連休からハロウィーンの混雑が本格化！下旬は月曜日の混雑にも要注意

日	月	火	水	木	金	土
1	2	3	4	5	6	7
8	9	10	11	12	13	14
15	(16)	17	18	19	20	21
(22)	(23)	24	25	26	27	28
29	30					

10月 — 1年を通じて、3月に次いで混雑する月！学校行事が多く、月曜は混む

日	月	火	水	木	金	土
		1	2	3	4	5
6	7	8	9	10	11	12
13	(14)	15	16	17	18	19
20	21	22	23	24	25	26
27	28	29	30	31		

11月 — クリスマスは11月中がオススメ！11月頭のイベント前は意外と混雑

日	月	火	水	木	金	土
					1	2
(3)	(4)	5	6	7	8	9
10	11	12	13	14	15	16
17	18	19	20	21	22	(23)
24	25	26	27	28	29	30

12月 — 25日に近づくにつれて混む！以降も30日まで混雑続きの年末

日	月	火	水	木	金	土
1	2	3	4	5	6	7
8	9	10	11	12	13	14
15	16	17	18	19	20	21
22	23	24	25	26	27	28
29	30	31				

季節のプログラム

※本書制作時に2024年度のイベントスケジュールが未発表だったため、例年開催されているイベントを掲載しています。実際に行なわれるイベントについては、公式サイトでご確認ください。

TDL	TDS

例年は…
9月上旬〜10月31日 ディズニー・ハロウィーン

毎年恒例のハロウィーンイベント。2023年はTDLで停止ありのパレードを、TDSで水上グリーティングをそれぞれ公演。ただし、9月中は30℃超えの暑さの影響で両パークのパレード・ショーが軒並み中止となる日が続いたので、10月に行くのがオススメ。

この期間中は、大人も全身仮装が可能です。また、例年は夜の花火がハロウィーンバージョンになります。

例年は…
9月上旬〜1月上旬 ホーンテッドマンション "ホリデーナイトメアー"

映画『ナイトメアー・ビフォア・クリスマス』をモチーフにした限定バージョン。

例年は…
11月上旬〜12月25日 ディズニー・クリスマス

毎年恒例のクリスマスイベント。2023年はTDLで停止ありのパレードを、TDSで水上グリーティングをそれぞれ公演。クリスマスのショー・パレードは長期間同じものを公演する傾向があり、TDLのパレードは2015年から変わっていないため、新しいパレードの登場が期待されます。また、例年は夜の花火がクリスマスバージョンになります。

繋がらないって本当!? 激戦コンテンツで役立つ
クロロが実践してる! 予約テク大公開

公式サイトの予約・購入は「仕様」を理解して「攻略」

　予約が集中して繋がりにくくなるとたびたびニュースになるので、「予約戦争」のイメージが強いTDRの公式サイト。実際はそういった激戦になる日はほんの一部。普段の予約はちょっとしたコツをつかめば、勝ち抜けます！　そこで、筆者クロロが普段実践している予約テクを伝授します！

予約のオキテ❶
予約開始「15分前」に待機
開始と同時にアクセスが必須条件

予約のオキテ❷
あらかじめ「選ぶ」

チケットなら「券種」、ホテルなら「客室」、レストランなら「日付」を選んで、人数などを入力しておく。予約までの数ステップをここで飛ばしておくだけで超有利！

2022年7月に導入された「待合室」ここをいかに避けるかがカギ

　予約・購入サイトが混雑している場合、繋がるまでの待ち時間が表示される「待合室」が2022年7月に導入されました。この「待合室」は、順番がきたときに表示されるボタンを押さずに放置してしまうと並び直しになる「仕様」があり、このせいで下記のような無限ループ現象が起きます。

待合室で待つ
⬇
繋がる
⬇
予約途中で混み合っている表示
⬇
「戻る」で待合室まで戻ると
放置とみなされて並び直し

　これを防ぐには、まず予約のオキテ①と②を守ってここを混み合う前に突破し、「待合室」に入らないこと。次に「待合室」に戻らないこと。「待合室」を突破したあと混み合っている表示になった場合、「戻る」ではなく再度公式サイトを開いて予約・購入サイトへのアクセスを何度か試みれば、「待合室」を経由せずに予約へと進めます。

繋がらない…
予約できない…

って、本当なの!?

パークチケット
↳ **簡単に買えます!**

現在は毎日、1日分ずつ新しいパークチケットが販売開始されるので混み合いません。入園者数の上限も引き上げられ、売れ残る日がほとんどです。2022年10月のイベントワクワク割発売時は繋がらない状態になりましたが、それは2週間分をまとめて発売して激戦になったためです。

ディズニーホテル・バケパ予約
↳ **ミラコスタは激戦! 他は余裕**

ショーが見られる部屋が多いミラコスタは常に激戦。他のホテルは簡単に予約できます。

レストラン予約
↳ **激戦! 工夫orキャンセル拾いが必要**

レストランは土日を中心に予約が取りにくいです。予約時のテクニック、根性（キャンセル拾い）が必要。

通常時

| 公式サイト | ⟶ | 予約・購入サイト |

混雑時

| 公式サイト | ⇒ | 待合室 | ⇒ | 予約・購入サイト |

待合室の表示

ただいまサイトが混雑しております
順番にご案内しますので、このまま
お待ちください

サイトにアクセスできる推定時刻：
16:09

待ち時間の目安：
17分

最終更新：15:51:36

ここに
入らない!
戻らない!が
予約戦争に
勝つ秘訣!

最後まであきらめない！
意外と拾えるキャンセルを狙え！

もし予約開始時に予約できなかったり、後から予約したりする場合、キャンセル拾いを狙いましょう。パークチケットは日付変更で、ホテルやレストランはキャンセルで、**意外と空きが出ます！**キャンセル拾いは「暇さえあれば見る」。これに尽きます。とにかく根性！

最強の キャンセル拾いテク

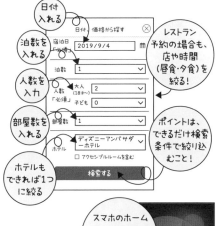

こんなときに空きが出る！

● **キャンセル料が発生する直前**
ディズニーホテルは2週間前から
キャンセル料が発生

● **天気予報が悪くなったとき**
パークチケットは雨予報になると
直前でも空きが出る

● **ホテル泊の優先枠が解放されるとき**
20日前〜1カ月前頃、
余ったレストランの枠が解放される

クロロが教える

ディズニーを楽しむヒケツ

① 絶対やることを決める

「これができれば、とりあえず満足！」と思える、絶対やりたいことを3つ決めよう！その3つをこなせるだけで、満足感が得られます！

② タイムスケジュールを作らない

慣れていない人は、パークで予定どおりすごせなくても当たり前。タイムスケジュールを作るより、優先順位を決めて、やりたいことを上から順にやっていくと◎。

③ エントリーする

エントリー受付＝抽選（P7）は、当たれば待たずにショーやグリーティングが楽しめます。とくにショーは見ごたえ抜群。あまり興味がない方もぜひお試しを！

④ 時間をお金で買う

最終手段として、有料パス（DPA、P6）やバケパ（P9）の利用を。とくに数年〜10年に1回レベルの来園なら、ケチらずにお金を積んでみては？　それだけで一気に幸せになれます。

今はパークに行くなら必須！ 準備＆当日にも公式アプリ

東京ディズニーリゾート・アプリでこんなことができる！

- プライオリティパス（P6）の取得
- 有料パス（DPA、P6）の取得
- アトラクション、グリーティング、レストラン待ち時間の確認
- グッズの検索と購入
- スタンバイパス（P7）の取得
- パークチケットの購入
- ショーの抽選
- レストラン予約
- ホテル予約
- 写真の購入

自宅からでもリアルタイムで待ち時間を確認できる！

公式アプリのマップ機能では、アトラクションやグリーティング、レストランの待ち時間までリアルタイムで表示されます。パークに行く前日や前の週の同じ曜日に見ておくことで混み具合も確認できて、とても役立ちます。マップ上の各施設をタップすると紹介ページが開き、スマホがガイドマップ代わりに！

マップ上に待ち時間が表示される！

公式アプリのダウンロード

android

iPhone

ショー抽選はホーム画面下部の「プラン」から

アプリなら移動＆並ぶ手間なく気軽にショー抽選

公式アプリでは、ショーやグリーティングのスケジュールも確認できます。また、ショー抽選も、このアプリ上でできます。コロナ禍以降、抽選をする機会が増えているので、積極的に活用しましょう。

TDLの今を楽しむ！3つのカギ

Key Point ① 絶対はずせない！最新アトラクション 《美女と野獣"魔法のものがたり"》

- 世界でここだけ！
- 城内は映画の世界！
- 圧倒的な没入感！
- 有料パス（DPA、P6）を使ってでも乗りたい激推しアトラクション！

Key Point ② ゆっくり休める屋内レストランを確保！

- TDLは屋外のレストランがとても多い！
- 雨、暑さ、寒さをしのげる屋内レストランの確保を！

Key Point ③ 見ごたえありまくり！ショーは忘れず抽選しよう！

- 当たれば、待たずに指定席で鑑賞できる！

クロロがオススメ！絶対乗るべき 鉄板アトラクションランキング

1位 これに乗らずには帰れない！ 美女と野獣 "魔法のものがたり"

N2 P10

美女と野獣の城

新エリアの目玉施設となる新アトラクション。『美女と野獣』の物語が目の前で繰り広げられる光景は圧巻。身長制限もなく、ゆったりした動きなので、小さなこどもから大人まで、3世代でも楽しめるのもうれしいポイント。TDLに来たら必ず乗りたい文句なしのNo.1アトラクション！

2位 昼と夜で雰囲気も変わる ビッグサンダー・マウンテン

10 P43

3大マウンテンでもっともスリルが少なく、誰でも気持ちよい疾走感が味わえるコースター！　金脈がきらめく鉱山を走る暴走列車からの景色も最高で、TDLを象徴するアトラクション。雰囲気の違う昼と夜で2回楽しめるのも、人気の秘密！

3位 何度も楽しめる爆笑トーク スティッチ・エンカウンター

34 P52

おなじみのエイリアン、スティッチとリアルタイムで会話ができるアトラクション。アドリブ満載の予測不可能なトークに、爆笑間違いなし！待機列ではスティッチがTDLを楽しむ映像をお見逃しなく。

4位 1000人目になりたくなっちゃう？ ホーンテッドマンション

16 P45

999人の幽霊が住む呪われた館。水晶玉の中にいる霊媒師マダム・レオタ、幽霊たちが大合唱する『グリム・グリニング・ゴースト』、ゲストのライドに乗り込んでくるヒッチハイク・ゴーストなど、名物キャラや有名曲が盛りだくさん！

5位 リニューアル前に乗りおさめ スペース・マウンテン

36 P54

宇宙空間を疾走するTDL最恐コースター。建て直しのため2024年のクローズが決定しており、現行バージョンが楽しめるのは、あと1年ほど！

6位 ジャック・スパロウが3度登場 カリブの海賊

3 P40

海賊たちが暴れるスリリングなカリブ海をボートで進むアトラクション。広大な空間に見事に表現された圧倒的な世界観が魅力。

7位 ハチミツの香り溢れる プーさんのハニーハント

25 P49

ハニーポットに乗って、プーさんとハチミツ探しに出かけるアトラクション。レールのないところを進む不思議な仕組みは必見。

こどもと一緒に乗りたい
アトラクションランキング

1位
ディズニーキャラがかくれんぼ
イッツ・ア・スモールワールド
⑲ P46

『小さな世界』のメロディーにのって世界を巡るボートの旅が、2018年にリニューアル。ディズニーキャラクターの人形が約40体登場するように。あちこちに登場するキャラを探す楽しみもあって、これまで以上にこどもが楽しめるアトラクションに！

2位
光線銃に夢中になっちゃう！
バズ・ライトイヤーのアストロブラスター
㉟ P53

『トイ・ストーリー』のバズとともに、悪の帝王ザーグに挑むシューティング型アトラクション。利用制限がなく、赤ちゃん連れでもライドできるのも魅力。

3位
ネバーランドへ冒険！
ピーターパン空の旅
⑮ P45

映画『ピーター・パン』の世界を体験できるアトラクション。海賊船に乗って、空から見下ろす幻想的な景色は、こどもも目を輝かせること間違いなし！

アトラクションの利用制限に注意！

赤ちゃん抱っこでもOK	P40 ペニーアーケード　P40 オムニバス　P41 ジャングルクルーズ P41 ウエスタンリバー鉄道　P42 魅惑のチキルーム P42 スイスファミリー・ツリーハウス　P42 カントリーベア・シアター P42 ウエスタンランド・シューティングギャラリー　P43 トムソーヤ島いかだ P43 蒸気船マークトウェイン号　P45 ホーンテッドマンション　P46 イッツ・ア・スモールワールド P47 ミッキーのフィルハーマジック　P48 シンデレラのフェアリーテイル・ホール P48 アリスのティーパーティー　P50 トゥーンパーク　P50 ドナルドのボート P51 チップとデールのツリーハウス　P51 ミニーの家　P52 グーフィーのペイント＆プレイハウス P52 スティッチ・エンカウンター　P53 バズ・ライトイヤーのアストロブラスター
補助なしで座れればOK	P10 美女と野獣"魔法のものがたり"　P40 カリブの海賊　P45 ピーターパン空の旅 P46 白雪姫と七人のこびと　P46 空飛ぶダンボ　P48 キャッスルカルーセル P48 ピノキオの冒険旅行　P49 プーさんのハニーハント P52 ロジャーラビットのカートゥーンスピン　P57 モンスターズ・インク"ライド＆ゴーシーク！"
81cm以上OK	P56 ベイマックスのハッピーライド
90cm以上OK	P44 スプラッシュ・マウンテン　P50 ガジェットのゴーコースター
102cm以上OK	P43 ビッグサンダー・マウンテン P54 スペース・マウンテン P55 スター・ツアーズ：ザ・アドベンチャーズ・コンティニュー

※《ビーバーブラザーズのカヌー探険》(P45)は、座った状態で足が届けばOK

1 人気&定番をガッツリ巡るモデルコース

初めて&久しぶりの人向け！ 定番&最新施設をまわる王道コース！

8:15 開園
遅くとも8時着を目標に

9時開園の予告でも、たいてい早まるので注意！

8:20 プライオリティパス取得
《ビッグサンダー…》

N2 9:30 美女と野獣 "魔法のものがたり"
60分待ち
新エリアの風景もゆっくり楽しんで！

10 10:45 ビッグサンダー・マウンテン
プライオリティパス
入口のスチームトラクターは世界に数台の超レア物！

25 10:30 プーさんのハニーハント
40分待ち
美味しそうなハチミツの香りも味わって！

最初の取得の2時間後！
10:20 プライオリティパス取得
《ホーンテッド…》

32 昼食 11:00 クイーン・オブ・ハートのバンケットホール
混雑するので早めの昼食！

19 12:30 イッツ・ア・スモール・ワールド
15分待ち
TDLと言えばコレ！

N1 13:00 ディズニー・ハーモニー・イン・カラー
《ホーンテッドマンション》前で見てから、〈トゥーンタウン〉方面に移動すれば二度見できる！

20 16:00 ミッキーのフィルハーマジック
15分待ち
『リメンバー・ミー』のリアルなシーンは必見！

16 15:15 ホーンテッドマンション
プライオリティパス
ヒッチハイクゴーストなど、アトラクション内に人気キャラも多い！

15:00 ミッキーの家とミート・ミッキー
40分待ち

16:30 買い物
アトラクションの待ち時間中に公式アプリで購入してもOK！

3 17:00 カリブの海賊
15分待ち

12 夕食 17:30 ブルーバイユー・レストラン
事前予約
1カ月前の予約or当日予約を忘れずに！

3 19:30 東京ディズニーランド・エレクトリカルパレード・ドリームライツ
プラザでシンデレラ城をバックに鑑賞するのがオススメ

7 花火 20:30 スカイ・フル・オブ・カラーズ
シンデレラ城前の〈トゥモローランド〉側から見ると、花火に照らされたお城がキレイ！

★モデルコースの時間は、そこに並び始める時刻ではなく、並んだ後に体験を始める時刻です（P36〜39）

小学生以下のこどもと楽しむモデルコース

待たない・歩かない・利用制限がない、こどもと一緒でも楽しめるコース!

8:30
開園
開園待ちをせず、こどもとゆっくり

9時開園の予告でも、8:15開園になることがほとんど!

8:40
プライオリティパス取得
《モンスターズ・インク…》

38 9:15
ベイマックスのハッピーライド
30分待ち
TDL新エリアの最新ライド!朝からテンション爆上げ間違いなし!

20 10:30
ミッキーのフィルハーマジック
15分待ち
映画『リメンバー・ミー』を見ておくと、より楽しめる!

19 9:50
イッツ・ア・スモール・ワールド
5分待ち
オラフやニモなど、人気キャラ多数!

11:00
プライオリティパス取得
《バズ・ライトイヤー…》

昼食 36 11:15
ヒューイ・デューイ・ルーイのグッドタイム・カフェ
キャラクターシェイプのメニューが豊富で、こども大喜び!

N1 13:00
ディズニー・ハーモニー・イン・カラー
〈トゥモローランド〉のパレードルートなら、短い待ち時間でも見やすい場所を確保可能!

35 14:00
バズ・ライトイヤーのアストロブラスター
プライオリティパス
こども大好き!シューティングゲーム

15 15:30
ピーターパン空の旅
30分待ち

34 14:45
スティッチ・エンカウンター
20分待ち
前方や通路横が指名されやすい!

16:00
買い物
アトラクションの待ち時間中に公式アプリで購入してもOK!

39 17:00
モンスターズ・インク"ライド&ゴーシーク!"
プライオリティパス
ブーの扉の中にいる隠れニモを見つけよう!

夕食 23 17:30
ハングリーベア・レストラン

4 19:00
ジャングルクルーズ:ワイルドライフ・エクスペディション
15分待ち

雨の日でも楽しめる見どころ満載モデルコース

雨の日ならではの要素＆屋内施設で、天気を気にせず楽しむコースです！

TOKYO Disneyland

モデルコース

8:15
開園
遅くとも
8時着を目標に

9時開園の予告でも、
たいてい早まるので
注意！

8:20
プライオリティ
パス取得
《スペース…》

N2

9:30
美女と野獣
"魔法のものがたり"
60分待ち
雷雨の中、野獣の城に逃げ込んだ
モーリスになった気持ちで……！

11:15 ⑬
スプラッシュ・
マウンテン
45分待ち
意外にもほぼ屋内
レインコートを
着たまま乗るのもアリ！

最初の取得の
2時間後！

10:30
プライオリティ
パス取得
《モンスターズ・インク…》

10:00 ㊱
スペース・
マウンテン
プライオリティパス
建て替えのため
2024年クローズ！

昼食 ③
12:00
センターストリート・
コーヒーハウス
事前予約
雨に備えて、屋内のお店を
予約しておくと安心！

14:30
ミニーの
スタイルスタジオ
45分待ち
季節で変わる4種類の
コスチュームに注目！

⑯
15:30
ホーンテッド
マンション
30分待ち

16:00 ㊲
スター・ツアーズ：
ザ・アドベンチャーズ・
コンティニュー
10分待ち

18:15 ㊴
モンスターズ・インク
"ライド＆ゴーシーク"
プライオリティパス
最後に登場するロズに、
話しかけられるかも!?

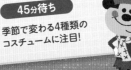

18:30
買い物
公式アプリで購入すれば、
荷物にならなくてラク！

夕食 ㉖
16:45
グランマ・サラの
キッチン
安心の屋内レストランで
ゆっくり休憩を

19:30 ④
ナイトフォール・
グロウ
雨の日限定のレアなパレード
次の《カリブの海賊》に近い
プラザで見るのがオススメ

20:00 ③
カリブの海賊
5分待ち

花火 ⑦
20:30
スカイ・フル・
オブ・カラーズ
《ワールドバザール》の出口で
鑑賞すると帰宅がスムーズ

4 有料パスで豪華に楽しむモデルコース

予算に余裕がある人向け！
有料パス（DPA、P6）を活用して、豪華&快適に過ごすコース！

1人＋2000円

モデルコース

8:15 開園
遅くとも8時着を
目標に

💬 9時開園から早まる
ことがほとんどなので
注意！

**38 8:45 ベイマックスの
ハッピーライド**
15分待ち
待ち時間の短い
開園直後に。

**9:40 ミニーの
スタイルスタジオ**
45分待ち
四季で変わる
コスチュームに注目！

**9:45 有料パス（DPA）
取得**
《美女と野獣…》
＋
プライオリティパス取得
《ホーンテッドマンション》
次のショーを待つ間にパス類を取得。
時間は予定に合わせて自由に選ぼう！

**5 10:50 ミッキーのマジカル
ミュージックワールド**
ほとんどの日の初回公演は
自由席＝抽選なし。
45分前から並ぼう！

**昼食 26 11:30 グランマ・サラの
キッチン**
天気や季節を気にせずに
使える屋内レストラン！

**13 14:00 スプラッシュ・
マウンテン**
75分待ち
落下時の写真は、
アプリに読み込んで購入！

**16 14:30 ホーンテッド
マンション**
プライオリティパス
キャストの不気味な
低いテンションにも注目！

15:00 買い物
アトラクションの待ち時間中に
公式アプリで購入してもOK！

**4 16:30 ジャングルクルーズ:
ワイルドライフ・
エクスペディション**
25分待ち

**N2 15:45 美女と野獣
"魔法のものがたり"**
有料パス（DPA）
有料パスで、待たずに
最新アトラクションを体験！

**夕食 8 17:00 クリスタルパレス・
レストラン**
事前予約
1カ月前の予約or
当日予約を忘れずに！

**3 19:30 東京ディズニーランド・
エレクトリカルパレード・
ドリームライツ**
レストラン前は最高の
鑑賞場所のひとつ！
空いていれば、
ぜひそこから見よう！

**花火 7 20:30 スカイ・フル・
オブ・カラーズ**
シンデレラ城前で
見るのがオススメ

39

TOKYO Disneyland

アトラクションの裏技

ワールドバザール

アドベンチャーランド

ウエスタンランド

クリッターカントリー

ファンタジーランド

トゥーンタウン

トゥモローランド

スーベニアメダルには
イベント限定版も!

① ペニーアーケード

ふわふわの動物が景品のクレーンゲームも

19世紀後半のレトロゲームが揃うゲームセンター。ピンボールなど簡単な操作でできるゲームや占い、ミッキーシェイプの景品がもらえるクレーンゲームも。**スーベニアメダルが作れる機械も複数台あり**、期間限定デザインは人気。

> 1セントを意味するペニー。
> 10円でできるゲーム機が
> たくさん! ♪

その他	混雑度 **F**	利用制限
こども向き ☆☆☆☆☆	こどもが怖がる要素 暗遊高落	▶なし
絶叫度 □□□□□		! ▶なし

2階の特等席に座るには
待ち列先頭で次回を待て!

② オムニバス

右側の座席は常にシンデレラ城が見える

シンデレラ城周辺のパレードルートを周遊する2階建てのバス。2階席は景色が良く、前を向ける先頭の席が特等席! パレード中は、バスが城前に停車し、乗り込んで写真撮影もできます。基本的に次回乗車待ちで、**待ち時間はほぼなし**。

> パレード前後は休止。
> ショースケジュール要確認。
> 日没で運営終了!

乗り物	混雑度 **E**	利用制限
こども向き ☆☆☆☆☆	こどもが怖がる要素 暗遊高落	▶なし
絶叫度 □□□□□		! ▶なし

出発直後に運が良ければ現れる
流れ星を見逃すな!

③ カリブの海賊

落下直後には"デッドマンズ・チェスト"も!

海賊たちの世界をボートで冒険。映画『パイレーツ・オブ・カリビアン』のジャックやバルボッサなども登場。出発直後の沼地では、運が良いと流れ星が見られることも。回転率が高いので待ち時間が少なめ、**屋内で天気・気温に左右されず、約15分も楽しめる**"困ったときのカリブ"!

> 落下は序盤に
> 1回だけ!
> ゆるやかなので、
> 絶叫系デビューに◎

乗り物	混雑度 **D**
こども向き ☆☆☆☆☆	こどもが怖がる要素 暗遊高落
絶叫度 □□□□□	
利用制限	
▶なし	! ▶なし

待ち時間

	平日	混む平日	土日	激混み
9:00	10	20	20	20
9:30	5	20	20	30
10:30	5	15	25	35
11:30	5	10	20	30
12:30	5	10	20	30
13:30	5	5	15	20
14:30	5	10	10	15
15:30	10	10	25	30
16:30	5	15	25	
17:30	5	5	10	20
18:30	5	5	10	20
19:30	5	5	5	5
20:30	5	5	5	10

> 途中、大きな海賊船からの大砲の攻撃を真横から見られる!

> 席は船の前方左側がオススメ!

神殿内のプロジェクションマッピングは 全部で3種類！

④ ジャングルクルーズ： ワイルドライフ・エクスペディション

世界のディズニーパークで初のオリジナル音楽

　個性溢れる船長のトークが面白い、ボートでジャングルを探検するアトラクション。日没後の**ナイトクルーズ**では**イルミネーション**も加わり、昼間とは全く違う雰囲気に！伝説の神殿のプロジェクションマッピングの演出は全部で3種類！　**利用制限がなく、ファミリー客に人気。**

船のお守りは3種類！

ファミリー層が減る19時頃から一気に空く！ホタル舞うナイトクルーズがオススメ！

乗り物	混雑度 C
こども向き ☆☆☆☆☆	こどもが怖がる要素 暗 狭 高 落
絶叫度 □□□□□	
利用制限	

	待ち時間			
	平日	混む平日	土日	激混み
9:00	5	5	5	20
9:30	10	15	15	30
10:30	10	20	30	35
11:30	5	15	25	35
12:30	5	15	20	25
13:30	5	10	15	20
14:30	5	10	15	15
15:30	10	15	25	35
16:30	5	15	30	30
17:30	5	10	30	30
18:30	15	15	15	25
19:30	5	5	5	15
20:30	5	10	15	20

利用制限 なし ！ なし

アトラクションの裏技

ほとんどのスポットがあるのは 進行方向右側！

⑤ ウエスタンリバー鉄道

恐竜世界は暗くなるので、こどもは要注意

　煙を吐き出す**蒸気機関車**に乗ってパーク内を周遊。ネイティブアメリカンの集落や西部開拓時代を巡り、恐竜の化石が発掘された《ビッグサンダー・マウンテン》（P43）を通り過ぎると太古の恐竜世界にタイムスリップ。多くのスポットが右側に見えるので、右側の席がオススメ！

空いている日は運行本数が減り待ち時間が長くなりがち

ウォルト・ディズニーは大の機関車好きでした！

乗り物	混雑度 D
こども向き ☆☆☆☆☆	こどもが怖がる要素 暗 狭 高 落
絶叫度 □□□□□	
利用制限	

	待ち時間			
	平日	混む平日	土日	激混み
9:00	案内開始前	案内開始前	案内開始前	案内開始前
9:30	15	15	15	20
10:30	10	15	25	30
11:30	10	10	25	30
12:30	10	10	20	25
13:30	10	10	20	20
14:30	10	10	15	20
15:30	10	15	25	30
16:30	10	10	20	25
17:30	10	10	20	25
18:30	15	15	20	25
19:30				
20:30				

花火（P63）の前後は休止

利用制限 なし ！ なし

ワールドバザール
アドベンチャーランド
ウエスタンランド
クリッターカントリー
ファンタジーランド
トゥーンタウン
トゥモローランド

アトラクションの裏技

ワールドバザール
アドベンチャーランド
ウエスタンランド
クリッターカントリー
ファンタジーランド
トゥーンタウン
トゥモローランド

中央寄りの座席は
スティッチに水をかけられるかも？

⑥ 魅惑のチキルーム：スティッチ・プレゼンツ "アロハ・エ・コモ・マイ！"

次回案内まで腰かけられる岩は暖房入り

　ハワイの鳥たちが歌声を披露するショーにスティッチが乱入！　入口の看板や建物にスティッチの**足跡**があり、迷子のスティッチを探す**リロのポスター**も。運が悪いとショー中、いたずら好きのスティッチに水をかけられるかも？

**混雑日でも次回案内待ちで
空いている！
空き時間に立ち寄ろう**

ショー	混雑度 E	利用制限
こども向き ☆☆☆☆☆	こどもが怖がる要素 暗迷高落	▶なし
絶叫度 □□□□□		！▶なし

「花火の穴場スポット」は誤り！
高台からの景色を楽しもう

⑦ スイスファミリー・ツリーハウス

階段が意外と急なので気を付けて！

　無人島での生活の知恵が詰まった高さ19mのツリーハウスを探検。**TDLで唯一パークを一望**できます。花火の穴場スポットと言われますが、実際は木の葉であまり見えません。ネットやSNSで写真がまったく出てこないのはそのため。

**コロナ禍以降（2020年2月〜）、
休止中！**

ウォークスルー	混雑度 F	利用制限
こども向き ☆☆☆☆☆	こどもが怖がる要素 暗迷高落	▶なし
絶叫度 □□□□□		！▶なし

1年の半分以上が限定バージョン！
季節感ある演出に注目を

⑧ カントリーベア・シアター

リーダーのヘンリーはグッズ化される人気

　18頭の熊たちによるカントリーベア・バンドのコンサート。5月頃〜11月頭までは「バケーション・ジャンボリー」、11・12月は「ジングルベル・ジャンボリー」を開催。全体が見渡せる**後方の席が見やすい**です。混雑日でも次回案内。

**限定バージョンは
演奏曲とバンドメンバーの
衣装も変わる！**

ショー	混雑度 E	利用制限
こども向き ☆☆☆☆☆	こどもが怖がる要素 暗迷高落	▶なし
絶叫度 □□□□□		！▶なし

ラッキー的に当たると
レアなバッジがもらえる！

⑨ ウエスタンランド・シューティングギャラリー

ラッキー的は日替わり！

　ライフル銃で赤く光る的を撃つ射的ゲーム。**1回200円で10発**。全弾命中で銀の、ラッキー的に当たると金の保安官バッジがもらえ、デザインは時期によって変わります。**難易度の高いネズミがラッキー的になることが多い**です。

**意外と混雑し
休日には20分待ちも
珍しくない！**

その他	混雑度 D	利用制限
こども向き ☆☆☆☆☆	こどもが怖がる要素 暗迷高落	▶なし
絶叫度 □□□□□		！▶なし

待ち時間が短いのは12〜14時！
後ろの席ほどスリル増大

⑩ ビッグサンダー・マウンテン

座席の希望を聞いてもらえることも！

　無人の鉱山列車に乗り込んで、廃坑を猛スピードで駆け抜けるアトラクション。6両という長い編成のため、**後ろの車両になるほどスピードも遠心力も増し**ます。夜景が楽しめる夜も人気で、閉園間際でも待ち時間が短くなりにくいです。花火や夜のパレードのタイミングには幻想的。

世界に数台！
1898年製のスチーム
トラクター

乗り物	混雑度 B

こども向き ☆☆☆☆☆	こどもが怖がる要素 暗 速 高 落

絶叫度 □□□□□

利用制限

102cm未満不可

体調制限 妊娠中・高齢者不可

プライオリティパス	有料パス（DPA）	シングルライダー

待ち時間

	平日	混む平日	土日	激混み
9:00	30	40	40	70
9:30	30	45	55	80
10:30	40	50	70	80
11:30	35	40	70	75
12:30	30	40	60	70
13:30	30	30	60	65
14:30	40	45	50	70
15:30	35	40	65	80
16:30	35	40	55	75
17:30	30	40	50	70
18:30	25	35	45	65
19:30	25	35	35	50
20:30	25	30	30	案内終了

プライオリティパス発券終了時刻

平日 14:30	混む平日 13:00	土日 12:30	激混み 11:00

いかだに乗ってから戻るまで
1時間はかかる！

⑪ トムソーヤ島いかだ

アスレチック要素満載の島に渡るいかだ

　いかだはあくまで島への移動手段で、トムソーヤ島内では自由に冒険ができます。島内には洞窟や、水辺に浮くたる橋、水が飛び出るガイコツ岩など、こどもが喜ぶ仕掛けが満載！　**いかだ乗り場にあるマップ**を忘れずに取りましょう。

島内の砦には、
パーク内でレアなペットボトル
自販機もある！

その他	混雑度 E	利用制限

こども向き ☆☆☆☆☆	こどもが怖がる要素 暗 速 高 落	なし

絶叫度 □□□□□

停泊中の船上から
花火が見られることも！

⑫ 蒸気船マークトウェイン号

BGMがロマンチックな夜は、隠れたデートスポット！

　蒸気船に乗ってアメリカ河を1周。船内は1階から3階まであり、座れる場所も多く、自由に移動できます。眺めの良い3階が人気。**花火（P63）の前後は運営中止**になりますが、休日などの混雑日には停泊中の船に入れることも。

1階船首のメインデッキも、
水辺の景色がよく見えて
オススメ！

乗り物	混雑度 E	利用制限

こども向き ☆☆☆☆☆	こどもが怖がる要素 暗 速 高 落	なし

絶叫度 □□□□□

ワールドバザール

アドベンチャーランド

ウエスタンランド

クリッターカントリー

ファンタジーランド

トゥーンタウン

トゥモローランド

花火中の休止直後を狙えば待ち時間が短い!

⑬ スプラッシュ・マウンテン

一番濡れるのは最前列! 最後の落下の写真撮影は右斜め上を見よう!

笑いの国を目指して旅するブレア・ラビットの物語をボートで体験する絶叫ライド。**落下は大小計4回**で、最後は16mの高さからTDL最速のスピード時速62kmで滝つぼに落下します。そのインパクトが大きいため、「恐い」イメージが強いですが、

途中は明るく陽気な曲に包まれた「楽しい」アトラクションです。TDLで待ち時間の長さトップ3に入る人気。花火の時間帯は、打ち上げ場所に近いため、一時的に案内が休止されます。その後は待ち時間が短くなるので狙い目。

乗り物	混雑度 B
こども向き ☆☆☆☆☆	こどもが怖がる要素 暗 速 高 落
絶叫度	
利用制限 90cm未満不可 妊娠中・高齢者不可 体調・体格制限	
プライオリティパス 有料パス(DPA) シングルライダー	

待ち時間

	平日	混む平日	土日	激混み
9:00	70	75	85	90
9:30	65	70	80	100
10:30	60	65	75	95
11:30	50	60	65	90
12:30	45	55	70	90
13:30	40	45	80	95
14:30	60	60	75	100
15:30	55	60	90	95
16:30	45	55	80	90
17:30	45	50	75	80
18:30	40	45	50	65
19:30	30	35	40	55
20:30	25	30	案内終了	案内終了

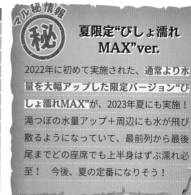

マル秘情報 ㊙ 夏限定"びしょ濡れMAX"ver.

2022年に初めて実施された、通常より水量を大幅アップした限定バージョン"びしょ濡れMAX"が、2023年夏にも実施! 滝つぼの水量アップ+周辺にも水が飛び散るようになっていて、最前列から最後尾までどの座席でも上半身はずぶ濡れ必至! 今後、夏の定番になりそう!

滝つぼの水量は気温で変化! 夏は多めで、冬は少なめ!

混雑日は有料パス(DPA、P6)を使うのもアリ!

間近に迫るウエスタンリバー鉄道は大迫力!

アトラクション出口のトイレは穴場!

出発直後と最後の落下は、外からでも見られる!

44

友達同士や家族などの大人数で盛り上がろう

⑭ ビーバーブラザーズのカヌー探検

30分以上待ちも珍しくない! 午前中が空いている

カヌーを漕いでアメリカ河を1周する**TDL唯一の人力アトラクション**。キャストのトークが魅力で、カヌーの漕ぎ方もレクチャーしてもらえますが、意外と水がはねて足元が濡れます。意外と混雑し、休日は30分前後の待ち時間に。

乗り物	混雑度 C
こども向け	☆☆☆☆☆
こどもが怖がる要素	暗 速 高 落
絶叫度	□□□□□

利用制限
🚫 座った状態で足の届かない方は利用不可
❗ 7歳未満はライフジャケット着用

待ち時間

	平日	混む平日	土日	激混み
9:00				
9:30	案内開始前	案内開始前	案内開始前	案内開始前
10:30	5	5	5	10
11:30	5	10	15	30
12:30	5	10	25	40
13:30	5	5	20	35
14:30	5	5	15	45
15:30	5	10	20	40
16:30	5	15	15	25
17:30	5	5	5	15
18:30				
19:30	日没で案内終了			
20:30				

しばらく乗っていない人こそ幻想的な光景に感動必至

⑮ ピーターパン空の旅 （2024年1月26日～3月31日休止）

空いているのは開園30分後まで!

空飛ぶ海賊船に乗って、ネバーランドを冒険。星空を飛んでいるような**美しいライティング**が幻想的。回転率が低いため空いている日でも待ち時間が20分を下回ることはほとんどありません。待たずに乗れるのは開園直後だけ!

乗り物	混雑度 C
こども向け	☆☆☆☆☆
こどもが怖がる要素	暗 速 高 落
絶叫度	□□□□□

利用制限
🚫 ▶なし
❗ ▶なし

待ち時間

	平日	混む平日	土日	激混み
9:00	25	25	25	35
9:30	25	35	35	40
10:30	25	35	35	40
11:30	20	30	40	45
12:30	25	35	35	45
13:30	25	35	35	35
14:30	30	35	35	45
15:30	25	35	40	45
16:30	25	35	35	45
17:30	20	30	35	40
18:30	20	30	30	35
19:30	25	30	30	25
20:30	15	20	25	25

999の幽霊がいるアトラクションに1人だけ人間がいる!

⑯ ホーンテッドマンション （2024年1月9日～2月6日休止）

唯一登場する人間は、墓地入口にいる見回りの管理人

999の幽霊が住む館の中を、ドゥームバギーと呼ばれる動くイスに乗って探検。1000人目の仲間を待つ幽霊たちはゲストを歓迎します。**毎年9月～1月頭**まで映画『ナイトメアー・ビフォア・クリスマス』限定バージョンでの運営で人気のため、プライオリティパス（P6）も午前中に発券終了になります。

乗り物	混雑度 C
こども向け	☆☆☆☆☆
こどもが怖がる要素	暗 速 高 落
絶叫度	□□□□□

利用制限
🚫 ▶なし　❗ ▶なし

プライオリティパス　有料パス（DPA）　シングルライダー

待ち時間

	平日	混む平日	土日	激混み
9:00	10	13	20	40
9:30	20	25	40	50
10:30	20	35	50	70
11:30	25	40	45	60
12:30	30	30	45	60
13:30	30	30	45	60
14:30	20	25	40	60
15:30	20	45	60	80
16:30	20	30	45	60
17:30	13	25	40	55
18:30	13	20	25	45
19:30	5	5	15	30
20:30	5	5	13	30

⚠ パレード公演中はホーンテッドマンション前が行き止まりになるため、混雑日は一時案内中止になることも!

パレード出発点

♪ パレード

プライオリティパス発券終了時刻
平日 15:30　混む平日 15:00　土日 14:00　激混み 11:30

ワールドバザール
アドベンチャーランド
ウエスタンランド
クリッターカントリー
ファンタジーランド
トゥーンタウン
トゥモローランド

女王に追われる白雪姫の視点だからTDLで最恐!

⑰ 白雪姫と七人のこびと

怖～い魔女が至るところに登場

ライドに乗って映画『白雪姫』の物語を体験。TDLでもっとも怖いと言われ、出てきたゲストの顔が引きつるほど。その理由は女王に追われる白雪姫の視点での体験だから。怖がりのこどもは絶対避けましょう!

乗り物	混雑度 D
こども向き	☆☆☆☆☆
こどもが怖がる要素	暗 速 高 落
絶叫度	■□□□□
利用制限	なし / なし

待ち時間

	平日	混む平日	土日	激混み
9:00	5	5	10	15
9:30	10	10	15	20
10:30	15	15	20	20
11:30	15	15	30	30
12:30	10	10	25	25
13:30	10	10	20	20
14:30	10	10	20	15
15:30	15	20	25	30
16:30	10	15	20	25
17:30	10	15	20	20
18:30	10	15	15	20
19:30	5	5	10	10
20:30	5	5	15	20

待ち時間が長いダンボを狙うならファミリーが減る夜!

⑱ 空飛ぶダンボ

回転率が低いため、常に待ち時間が長い!

ダンボの背中に乗って、ぐるぐると空中を飛ぶライド。**座席のボタンで高さを調節**でき、地上4mまで上昇します。パレードルートのすぐ脇にあり、パレード（P2）の時は、目線がフロート上のキャラクターと同じ高さになります。

乗り物	混雑度 C
こども向き	☆☆☆☆☆
こどもが怖がる要素	暗 速 高 落
絶叫度	□□□□□
利用制限	なし

待ち時間

	平日	混む平日	土日	激混み
9:00	20	20	20	30
9:30	30	30	30	40
10:30	25	30	45	45
11:30	20	25	40	40
12:30	20	25	35	35
13:30	15	20	35	35
14:30	20	20	35	35
15:30	25	30	45	45
16:30	20	30	40	45
17:30	20	30	40	40
18:30	20	25	30	40
19:30	20	20	25	25
20:30	10	15	20	25

ディズニーキャラの人形を探そう!約40体もある!

⑲ イッツ・ア・スモールワールド

屋内! 体験時間も長く、混雑日も安心!

おなじみのテーマ音楽『小さな世界』にのせて、ボートで世界一周の旅をするアトラクション。2018年4月のリニューアル以降は、**ディズニーキャラの人形も登場**するようになっています。回転効率がとてもよいので待ち時間も20分以下の日がほとんどです。

乗り物	混雑度 D
こども向き ☆☆☆☆☆	こどもが怖がる要素 暗 速 高 落
絶叫度	□□□□□
利用制限	なし / なし

待ち時間

	平日	混む平日	土日	激混み
9:00	5	5	5	20
9:30	10	15	15	20
10:30	10	15	20	30
11:30	5	10	20	25
12:30	5	10	20	20
13:30	5	5	15	15
14:30	10	5	5	15
15:30	5	15	15	25
16:30	5	5	15	20
17:30	5	5	15	20
18:30	5	5	15	15
19:30	5	5	5	5
20:30	5	5	10	15

海外パークでは見られない!!東京限定のレアキャラクター

エルサ / アナ / オラフ — アナと雪の女王
メリダ / ヌクマ — メリダとおそろしの森
ラプンツェル / パスカル — 塔の上のラプンツェル
ペガサス / ヘラクレス — ヘラクレス
モアナ / プア / ヘイヘイ — モアナと伝説の海

世界のどのエリアにも登場するものは「太陽」と「月」!

ワールドバザール
アドベンチャーランド
ウエスタンランド
クリッターカントリー
ファンタジーランド
トゥーンタウン
トゥモローランド

既存シーンはそのままに『リメンバー・ミー』のド迫力シーンが追加!

⑳ ミッキーのフィルハーマジック

映像がより鮮明になってドナルドの毛並みまでクッキリ!

ミッキーが指揮する魔法のオーケストラコンサートのはずが、魔法の帽子を使ってしまったドナルドのせいで大事件に! **ディズニー映画の名シーン&名曲を、3D映像だけでなく風、水、香りで体験**できるシアター型アトラクション。2022年9月のリニューアルで、『リメンバー・ミー』のシーンが追加されました。既存シーンはカットなくそのままで、さらに**リニューアルで映像が鮮明化**し、感動も倍増! ショーの最後は忘れずに後ろを振り返ろう!

待ち時間

	平日	混む平日	土日	激混み
9:00	5	5	5	5
9:30	5	5	5	5
10:30	5	5	10	15
11:30	5	10	15	15
12:30	5	10	15	15
13:30	5	5	10	10
14:30	5	10	10	15
15:30	10	10	20	25
16:30	5	10	15	20
17:30	5	5	10	15
18:30	5	5	10	10
19:30	5	5	5	5
20:30	5	5	5	5

ショー　混雑度 **D**

こども向け ☆☆☆☆☆
こどもが怖がる要素 暗 混 高 怖

絶叫度 □□□□□

利用制限 なし ! なし

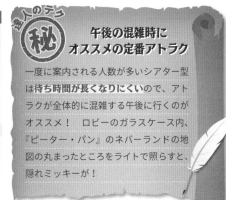

達人のテク ㊙ 午後の混雑時にオススメの定番アトラク

一度に案内される人数が多いシアター型は待ち時間が長くなりにくいので、アトラクが全体的に混雑する午後に行くのがオススメ! ロビーのガラスケース内、『ピーター・パン』のネバーランドの地図の丸まったところをライトで照らすと、隠れミッキーが!

シーン1 オープニング
シーン2 ♪ひとりぼっちの晩餐会♪ 美女と野獣
シーン3 ♪魔法使いの弟子♪ ファンタジア
シーン4 ♪パート・オブ・ユア・ワールド♪ リトル・マーメイド
シーン6 NEW ♪ウン・ポコ・ロコ♪ リメンバー・ミー
シーン5 ♪王様になるのが待ちきれない♪ ライオン・キング
シーン7 ♪きみもとべるよ♪ ピーター・パン
シーン8 ♪ホール・ニュー・ワールド♪ アラジン
シーン9 エンディング

TOKYO Disneyland

アトラクションの裏技

ワールドバザール
アドベンチャーランド
ウエスタンランド
クリッターカントリー
ファンタジーランド
トゥーンタウン
トゥモローランド

アトラクションの裏技

ワールドバザール
アドベンチャーランド
ウエスタンランド
クリッターカントリー
ファンタジーランド
トゥーンタウン
トゥモローランド

シンデレラ城内のある絵には魔法の光が現れる!

㉑ シンデレラのフェアリーテイル・ホール

城内のステンドグラスから景色も楽しめる

シンデレラ城内で映画『シンデレラ』の名場面を再現したアート作品の展示が見られるウォークスルータイプのアトラクション。最後の大広間にはガラスの靴、フラッシュ撮影すると魔法の光が現れる絵画、シンデレラの玉座があります。

ウォークスルー　混雑度 Ｅ
こども向き ☆☆☆☆☆
こどもが怖がる要素 暗 速 高 落
絶叫度 □□□□□
利用制限 ▶なし　! ▶なし

待ち時間			
平日	混む平日	土日	激混み
9:00			
9:30 案内開始前	案内開始前	案内開始前	案内開始前
10:30 5	10	20	20
11:30 5	10	20	25
12:30 5	5	15	20
13:30 5	5	15	20
14:30 5	5	10	15
15:30 10	20	20	25
16:30 10	15	20	30
17:30 5	10	20	30
18:30 5	5	15	15
19:30 5	5	5	10
20:30 5	5	5	20

ディズニー映画の名曲全12曲がカルーセルで流れる

㉒ キャッスルカルーセル

TDLの中ではもっとも空いている部類

白馬のメリーゴーランドで、音楽はディズニー映画の名曲ばかり全12曲。夜の温かみがあるライトアップも素敵です。**木馬は内側が小さく、外側に行くほど大きく**なります。一番外側の木馬には、こどもと大人が一緒に乗れます。

乗り物　混雑度 Ｅ
こども向き ☆☆☆☆☆
こどもが怖がる要素 暗 速 高 落
絶叫度 □□□□□
利用制限 ▶なし

待ち時間			
平日	混む平日	土日	激混み
9:00 5	5	5	5
9:30 5	5	5	10
10:30 5	10	15	20
11:30 5	10	20	30
12:30 5	5	20	20
13:30 5	5	15	15
14:30 5	5	15	15
15:30 5	10	15	25
16:30 5	5	15	20
17:30 5	5	15	15
18:30 5	5	15	15
19:30 5	5	5	5
20:30 5	5	10	15

1分間に最高40回転の絶叫ライドにもなる?!

㉓ アリスのティーパーティー

空いているが、待ち時間の増減が激しい

映画『ふしぎの国のアリス』でのマッドハッターと3月うさぎのティーパーティーをモチーフにしたコーヒーカップ型アトラクション。小さくなったアリスの気分でカップに乗り込み、ハンドルを回すと1分間に最高40回転します!

乗り物　混雑度 Ｅ
こども向き ☆☆☆☆☆
こどもが怖がる要素 暗 速 高 落
絶叫度 □□□□□
利用制限 ▶なし　! ▶なし

待ち時間			
平日	混む平日	土日	激混み
9:00 5	5	5	5
9:30 5	5	5	10
10:30 5	10	15	20
11:30 5	10	15	25
12:30 5	10	20	30
13:30 5	5	15	20
14:30 5	5	10	15
15:30 5	5	15	25
16:30 5	5	15	20
17:30 5	5	10	20
18:30 5	5	10	15
19:30 5	5	5	5
20:30 5	5	5	15

ピノキオのストーリーは隣の壁の絵からスタート

㉔ ピノキオの冒険旅行

映画のキャラが総出演!

映画『ピノキオ』のシーンを体験できる、ファミリーで楽しめるアトラクション。施設の周囲に**ピノキオやファウルフェロー&ギデオンの像**があり、物語は隣のレストルームの壁の絵からスタートし、入口につながっています。

乗り物　混雑度 Ｅ
こども向き ☆☆☆☆☆
こどもが怖がる要素 暗 速 高 落
絶叫度 □□□□□
利用制限 ▶なし

待ち時間			
平日	混む平日	土日	激混み
9:00 5	5	5	5
9:30 5	10	10	15
10:30 5	15	15	20
11:30 5	15	20	30
12:30 5	10	15	20
13:30 5	10	10	20
14:30 5	10	15	15
15:30 10	15	15	25
16:30 5	15	15	20
17:30 5	10	15	20
18:30 5	10	15	15
19:30 5	5	10	10
20:30 5	5	10	10

ここでしか見られない待ち時間表示に注目！82分待り!?

㉕ プーさんのハニーハント

面白いはちみつ大砲に当たるのは、乗り場で前から1・3番目のハニーポット！

プーさんとはちみつ探しの旅をするアトラクション。ゲストが乗り込むハニーポットは3台1編成。レールがなく、途中でバラバラのコースを動き、**それぞれ体験できるシーンが違い**ます。目の前で煙が発射されるはちみつ大砲に当たるのは、乗り場で前から1・3番目のハニーポット。こどもに人気があり、開園直後は一気に待ち時間が長くなる傾向があります。午前中をピークに、次第に空いていき、とくに19時以降はファミリー客が減って待ち時間が激減します。

乗り物	混雑度 B
こども向け ☆☆☆☆☆	こどもが怖がる要素 暗 速 高 落
絶叫度 ▢▢▢▢▢	
利用制限 ✕ なし / ！ なし	
プライオリティパス	有料パス(DPA)	シングルライダー

待ち時間

	平日	混む平日	土日	激混み
9:00	45	45	60	82
9:30	60	70	70	100
10:30	45	50	75	95
11:30	40	45	70	95
12:30	45	50	65	90
13:30	40	45	65	85
14:30	35	45	60	82
15:30	55	70	82	95
16:30	45	55	65	85
17:30	40	45	60	85
18:30	35	45	60	70
19:30	30	35	30	60
20:30	25	30	案内終了	案内終了

プライオリティパス発券終了時刻

平日 13:00	混む平日 11:30	土日 11:00	激混み 10:00

マル秘情報 ㊙ アトラクション名の英訳を見て！

《プーさんのハニーハント》は、英語だと《Pooh's Hunny Hunt》。実は、少年クリストファー・ロビンが「Honey」のスペルミスをしたものがそのまま使われているんです！ ゲストが乗り込むハニーポットにも間違って書かれた文字があるのでお見逃しなく！

あるシーンでは本当にハチミツの香りがする！

レアな待ち時間は語呂合わせ！ 8=ハチ 14=イーヨー 82=ハニー

パレード ♪

ビレッジベイストリー

サクサクのパイ「ティポトルタ」を販売

① ホーンテッドマンション前でパレードを見てから②か③まで来ると、もう一度パレードが見られる！

甘い香りが漂うハニー味のポップコーンがアトラクション前に！

シンデレラ城

ワールドバザール
アドベンチャーランド
ウエスタンランド
クリッターカントリー
ファンタジーランド
トゥーンタウン
トゥモローランド

アトラクションの裏技

ワールドバザール
アドベンチャーランド
ウエスタンランド
クリッターカントリー
ファンタジーランド
トゥーンタウン
トゥモローランド

トゥーンタウンの公園には ミッキーの彫刻作品が並ぶ

㉖ トゥーンパーク

こどもたちの遊び場として人気！

ミッキーが作った動物や不思議な形の彫刻が全部で12点並んでいる公園。地面や彫刻は**ゴムのようなやわらか素材**でできています。公園の外周に沿ってベンチが設置されており、混雑日でも座れるほど充実。休憩場所としても最適！

待ち時間などはなく 自由に出入りして遊べる！

その他	混雑度 **F**	利用制限
こども向き ☆☆☆☆☆	こどもが怖がる要素 暗 選 高 落	！▶なし
絶叫度 □□□□□		

ドナルドの船内の展望鏡では 短編映画が見られる！

㉗ ドナルドのボート

船首にデイジー像があるミス・デイジー号

トゥーンレイクに浮かぶドナルドの船の家で遊べる施設。**船内は2階建て**で、2階デッキから景色を一望できます。操舵室では汽笛が鳴らせ、ドナルドの短編映画が見られる展望鏡、2階から1階に降りる滑り台も。待ち時間は無し。

ここでドナルドに 会えるわけではないので注意！

ウォークスルー	混雑度 **F**	利用制限
こども向き ☆☆☆☆☆	こどもが怖がる要素 暗 選 高 落	！▶なし
絶叫度 □□□□□		

ガジェットのコースターの材料は すべて廃棄物!?

㉘ ガジェットのゴーコースター

ガジェットのリサイクル作品が満載！

天才発明家ガジェットがドングリをくりぬいて作ったといういわれの小型のコースターで、部品はすべて廃棄物のリサイクル！　所要時間が約1分と短く、**身長制限を超えたこどもが初めて乗るジェットコースターには最適**。こどもに人気で、ファミリーが多い休日ほど待ち時間が延びます。

乗り物	混雑度 **D**
こども向き ☆☆☆☆☆	こどもが怖がる要素 暗 **速 高 落**
絶叫度 ■□□□□	

利用制限
🚫 90cm未満不可　！▶体調制限 妊娠中不可

待ち時間

	平日	混む平日	土日	激混み
9:00	5	5	5	10
9:30	10	10	10	20
10:30	5	15	20	25
11:30	5	15	25	30
12:30	5	10	20	25
13:30	5	10	15	20
14:30	5	10	5	15
15:30	10	20	25	35
16:30	10	15	20	30
17:30	10	10	15	25
18:30	5	10	10	15
19:30	5	5	5	5
20:30	5	5	10	10

大人が乗ると 上半身が出るので 想像以上に スリリング！

チップ&デールのドングリバター製造機からはバターを作る音が!

㉙ チップとデールのツリーハウス

ドングリが大好物なシマリスたちの家!

ドングリが実るカシの木に造られたチップとデールの家を見学できる施設。木に実ったドングリを運ぶ機械や、レバーを引いたりボタンを押したりするとバターを作る音が聞こえるドングリバター製造機があります。待ち時間はなし。

ここでチップとデールに会えるわけではないので注意!

ウォークスルー	混雑度 **F**	利用制限
こども向け ☆☆☆☆☆	こどもが怖がる要素	！ なし
絶叫度 ▢▢▢▢▢		

井戸にコインを入れるとミニーのメッセージが聞ける!

㉚ ミニーの家

ミッキーからの伝言入り留守番電話も!

ミニーが暮らしている家を見学できる施設。**瞳にハートマークが映る鏡**があるドレッシングルームなど、キュートなミニーらしい仕掛けがいっぱい。庭にある井戸にコインを投げ入れるとミニーからのメッセージが聞けます。

休日は10〜20分待ちになることも!

ウォークスルー	混雑度 **E**	利用制限
こども向け ☆☆☆☆☆	こどもが怖がる要素	！ なし
絶叫度 ▢▢▢▢▢		

トゥーンタウンはじつは意外なインスタ映えスポット!

㉛ ダウンタウン・トゥーンタウン

こどもが喜ぶ仕掛けとギャグが満載

トゥーンタウンに入って左手奥にある商工業地区は、面白い仕掛けがたくさんあります。踏むとしゃべるマンホール、起爆装置を押すと大爆発を起こす花火工場、ドアノブを回すと感電する扉など、最近はインスタ映えスポットとして若者に人気で、行列ができることも。

仕掛けがいっぱいのギャグとユーモアの溢れる商工業地区

20トンのバーベルで記念撮影できる

ミッキーたちのメッセージが聞ける

郵便局の私書箱

マンホール

警察無線のダジャレが聞ける

ポリスホーン

踏むとしゃべる

ジム

ひっぱる

起爆装置

起爆装置を押すと大爆発!

花火工場

開けるとしゃべる

郵便ポスト

キャラクターグリーティングできる可能性も高いエリア!

ワールドバザール
アドベンチャーランド
ウエスタンランド
クリッターカントリー
ファンタジーランド
トゥーンタウン
トゥモローランド

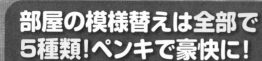

部屋の模様替えは全部で5種類！ペンキで豪快に！

32 グーフィーのペイント&プレイハウス

ギャグ満載のグーフィーの庭にも注目！

3タイプのペンキ噴射装置を使って、シューティング感覚でグーフィーの部屋を模様替えします。完成する部屋はジャングル風、ビーチ風などさまざま。こども向けなので、待ち時間が減る夜が狙い目。

その他　混雑度 E
こども向き ☆☆☆☆☆
こどもが怖がる要素 暗 速 高 落
絶叫度
利用制限
なし
なし

待ち時間

	平日	混む平日	土日	激混み
9:00	5	5	5	5
9:30	5	5	10	15
10:30	5	10	15	15
11:30	5	10	15	15
12:30	5	10	15	15
13:30	5	5	10	10
14:30	5	5	5	20
15:30	5	10	10	15
16:30	5	5	10	15
17:30	5	5	10	15
18:30	5	5	5	10
19:30	5	5	5	5
20:30	5	5	5	5

映画『ロジャー・ラビット』を見ると2倍楽しめる！

33 ロジャーラビットのカートゥーンスピン

意外と知られていない原作を見よう！

悪イタチが抹殺を企むロジャーラビットを追って、〈トゥーンタウン〉の車＝キャブでドライブをするアトラクション。キャブのハンドルは固く重いですが、大人が思いきり回すとキャブもぐるぐると回り、**コーヒーカップのような感覚。**

乗り物　混雑度 D
こども向き ☆☆☆☆☆
こどもが怖がる要素 暗 速 高 落
絶叫度
利用制限
なし
なし

待ち時間

	平日	混む平日	土日	激混み
9:00	5	5	5	20
9:30	10	20	25	30
10:30	20	25	30	35
11:30	25	25	30	40
12:30	20	20	25	35
13:30	20	20	25	30
14:30	15	15	25	25
15:30	25	30	35	45
16:30	20	25	30	40
17:30	10	20	25	35
18:30	5	15	20	30
19:30	5	5	5	15
20:30	5	5	10	20

スティッチに指名されやすいのは通路側！

34 スティッチ・エンカウンター

強制指名でイジられ必至の爆笑アトラク！

いたずら好きのスティッチと指名されたゲストとの面白いやり取りが楽しめるアトラクション。**ゲストとの会話はアドリブ**なので、毎回爆笑体験になること間違いなし！こどもも大人も楽しめるアトラクションです。収容人数が多いため、混雑日でも待つことはほぼありません。

ショー　混雑度 F
こども向き ☆☆☆☆☆
こどもが怖がる要素 暗 速 高 落
絶叫度
利用制限
なし
なし

待ち時間

	平日	混む平日	土日	激混み
9:00				
9:30	案内開始前	案内開始前	案内開始前	案内開始前
10:30	15	15	15	15
11:30	15	15	15	15
12:30	15	15	15	15
13:30	15	15	15	15
14:30	15	15	15	15
15:30	15	15	15	15
16:30	15	15	15	20
17:30	15	15	15	15
18:30	15	15	15	15
19:30	案内終了	案内終了	案内終了	案内終了
20:30				

最初に指名された人は出口に写真が表示されるよ
待ち列のモニターにはTDLで遊ぶスティッチの姿が！

こどもに人気が高い分、夜は急に空く！

スペースレンジャーとなって、宇宙でバズとともに悪の帝王ザーグと戦いながらスコアを競うシューティングゲーム。ゲストが乗り込む2人乗りのスペースクルーザーは中央のスティックで向きを変更できます。あらかじめ2人のうちどちらが操作するか決めましょう。アストロブラスター中央の緑の部分の凸と凹と的の中心を合わせて引き金を引くのがコツで、命中すれば的が光り、アストロブラスターも振動します。**1万点の逆三角形的と、5千点のひし形的は逃さないように！**

待ち時間	平日	混む平日	土日	激混み
9:00	30	35	40	45
9:30	35	40	55	55
10:30	30	35	50	45
11:30	20	25	40	40
12:30	25	30	45	40
13:30	20	25	40	30
14:30	20	25	40	30
15:30	30	35	50	50
16:30	25	30	45	40
17:30	20	25	40	35
18:30	15	15	25	30
19:30	5	10	15	20
20:30	10	15	20	20

乗り物	混雑度
こども向き ☆☆☆☆☆	こどもが怖がる要素 暗添高速

絶叫度 ▭▭▭▭▭

利用制限 なし ！なし

プライオリティパス　有料パス(DPA)　シングルライダー

プライオリティパス発券終了時刻

平日 16:30	混む平日 15:30	土日 14:30	激混み 12:00

マル秘情報 ㊙ 簡単に999,999が出るバージョンを開催！

《トイ・ストーリーホテル》(P20)オープンに併せ、2022年4〜8月にスペシャルバージョン"アストロ・ヒーロータイム！"が開催されました。特定の100点的を撃つと膨大な得点が入り、簡単に最高スコア999,999のアストロ・ヒーローになれる仕掛け。その爽快感は病みつき！

夜までいられないファミリーが殺到する開園直後は避ける！

パレードルートに近いためパレード直後は待ち時間が一気に延びる！

的は④種類！

100点　1000点　5000点　10000点

真ん中のレバーでライドの向きが変えられる！

「ひし形」と「三角」を最優先で狙おう！

当て方・狙い方

アストロブラスター（銃）の緑V字のくぼみを的の中心の黒い点に合わせる！

的の中心の黒い点

緑V字のくぼみ

目

命中すると的が光って得点が入るよ！

Point

最後、ザーグとの対決エリアはザーグ側を向きがちだけど、逆側を向くと狙いやすい場所に隠し10000点的がある！

ワールドバザール
アドベンチャーランド
ウエスタンランド
クリッターカントリー
ファンタジーランド
トゥーンタウン
トゥモローランド

アトラクションの裏技

ワールドバザール
アドベンチャーランド
ウエスタンランド
クリッターカントリー
ファンタジーランド
トゥーンタウン
トゥモローランド

スペースは左側の席のほうが遠心力でスリル大！

㊱ スペース・マウンテン

真っ暗な宇宙で、進行方向が予測不能！ クローズ間近！

ロケットで宇宙空間を疾走するコースター。屋内のアトラクションなので、雨の日は待ち時間が長くなりがちです。また、夜になってもなかなか待ち時間が減らない傾向があり、閉園間際は他のアトラクションを狙うほうが効率的。TDLの3大

マウンテンの中でもっともスリルがある絶叫系コースターなので、若者に人気。毎年1～3月は入試休みや春休みの学生でとくに混雑し、学校が休校となる県民の日などでも突出して長い待ち時間になります。

乗り物

混雑度 **B**

こども向き ☆☆☆☆☆

こどもが怖がる要素 暗 速 高 落

絶叫度 □□□□□

利用制限 102cm未満不可 ／ 体調・体格制限 妊娠中・高齢者不可

プライオリティパス ／ 有料パス(DPA) ／ シングルライダー

待ち時間

	平日	混む平日	土日	激混み
9:00	30	40	50	60
9:30	40	45	60	75
10:30	45	50	70	95
11:30	35	45	75	80
12:30	30	40	60	75
13:30	30	40	55	60
14:30	25	35	55	60
15:30	35	50	75	90
16:30	35	40	60	80
17:30	30	35	60	75
18:30	25	35	55	70
19:30	20	30	45	55
20:30	20	25	案内終了	案内終了

プライオリティパス発券終了時刻

平日 15:30	混む平日 13:30	土日 12:30	激混み 11:00

マル秘情報㊙ 周辺丸ごと建て直し！ 2027年オープン

現在の《スペース・マウンテン》は、**2024年にクローズ・解体され、建て直されて周辺環境も一新される**ことが決定しています。現行バージョンに乗れるのも、あと約1年。その後は3年の工事期間を経て、**2027年に再オープン予定**。乗りおさめ＆撮りおさめをお忘れなく！

右旋回多し！ 外側になる左の席のほうが遠心力がかかる！

夜のライトアップは幻想的で、外観はフォトスポットとしても人気！ 雨の日は反射でさらにキレイに！

大人気！ トレジャーコメットのカプセルトイ

周辺には Mr.&Mrs.インクレディブル、グリーンアーミーメン、スティッチなどのキャラがしばしば出没！

SPACE MOUNTAIN

自動販売機

当初54通りだったストーリーが現在は400通り以上！

③⑦ スター・ツアーズ：ザ・アドベンチャーズ・コンティニュー

運がよいと、反乱軍のスパイに選ばれる！

3D映像と映像に連動して動くライドで『スター・ウォーズ』の世界を体験できるアトラクション。**ゲストの中からランダムでスパイが選ばれ、出発時に映像の中に映し出されます！** ランダムストーリーになっていて、シリーズ続編が公開されるたびにシーンが追加。リニューアルオープンした2013年は54通りだったストーリーも、現在は400通り以上。同じシーンでもレアキャラが登場する場合があります。待ち時間は短く、基本的に5〜15分なので、時間が空いた時に最適！

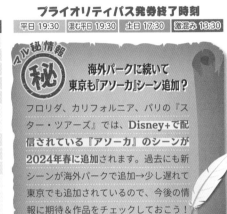

	乗り物		混雑度	Ⓔ
こども向き	☆☆☆☆☆	こどもが怖がる要素	暗 速 狭 落
絶叫度	□□□□□

利用制限
🚶‍♂️ 102cm未満不可
❗ 体調制限 妊娠中・高齢者不可

プライオリティパス ／ 有料パス（DPA） ／ シングルライダー

待ち時間

	平日	混む平日	土日	激混み
9:00	5	10	10	15
9:30	10	15	20	30
10:30	10	20	25	30
11:30	5	10	20	25
12:30	5	10	20	25
13:30	5	5	10	20
14:30	5	5	10	15
15:30	10	15	35	35
16:30	10	10	20	30
17:30	5	10	10	25
18:30	5	5	5	20
19:30	5	5	5	5
20:30	5	5	5	10

プライオリティパス発券終了時刻

平日	混む平日	土日	激混み
19:30	19:30	17:30	13:30

マル秘情報 ㊙

海外パークに続いて東京も『アソーカ』シーン追加？

フロリダ、カリフォルニア、パリの『スター・ツアーズ』では、Disney+で配信されている『アソーカ』のシーンが2024年春に追加されます。過去にも新シーンが海外パークで追加→少し遅れて東京でも追加されているので、今後の情報に期待＆作品をチェックしておこう！

ストーリーの流れ

★はレアパターンが存在する　例）出発、ダース・ベイダーのシーンには、まれにボバ・フェットが登場する

世界初『ベイマックス』のアトラク!
振り回されて、笑いが止まらない!?
㊳ ベイマックスのハッピーライド

ヒロが開発したハッピーライドで笑顔になれる!

ディズニー映画史上初、日本を舞台にした『ベイマックス』がテーマの回転型ライドアトラクション。ゲストをハッピーにさせるためにヒロが開発したハッピーライドは、ぐるぐる回って**振り回されるような動き**が特徴! **数パターンあるアップテンポな音楽**に合わせて、右に左に揺られて、ハピネスレベルもMAXに!

乗り物	混雑度 A
こども向け ☆☆☆☆☆	こどもが怖がる要素 ~~暗速高落~~

絶叫度 □□□□□

利用制限
81cm未満不可 / なし

プライオリティパス / 有料パス(DPA) / シングルライダー

8の字型にぐるぐる回る!

遠心力で振り回される

音楽は配信もされていて超人気!

キャストと一緒に踊って盛り上がろう!

こども向けとあなどるな!
酔いやすい回転系アトラク

♥ **遠心力**でかなり左右に揺れる!

♥ 《アリスのティーパーティー》(P48)のハンドルを回さない状態よりも激しい

♥ 2人乗り、遠心力でぶつかりあって**笑いが止まらない!**

アトラクション前の自販機にも注目!

ヒロの愛猫モチもいるよ!

待ち時間を徹底解説!
ベイマックス攻略の鍵は「優先順位」

TDLで2番人気! 開園直後に60分待ちを超えたら見送るのが鉄則!

《美女と野獣…》(P10)に次いでTDLで2番目に待ち時間が長いアトラクション。待ち時間は平日45分前後、休日60分前後で推移しますが、開園直後は一気にのび、その日のピークに。そのためこの時点で60分を超えている場合はいったん後回しにして、混雑が落ち着く午後に並ぶのが効率的。

有料パス(DPA)を購入するなら《美女と野獣…》を優先しよう!

2022年12月に有料パス(P6)の対象になりましたが、ひとつだけ有料パスを取るとしたら、ディズニーホテル宿泊者の15分前入園(P23)の時点で待ち時間が長くなる《美女と野獣…》の優先度が上。両方とも有料パスを取らない場合も、有利な時間帯は《美女と野獣…》を優先するのが鉄則。

待ち時間

	平日	混む平日	土日	激混み
9:00	75	80	90	120
9:30	70	75	85	130
10:30	60	65	80	120
11:30	50	60	80	105
12:30	45	55	70	90
13:30	40	45	65	85
14:30	40	40	60	80
15:30	45	60	85	100
16:30	40	55	75	90
17:30	40	50	65	80
18:30	35	45	60	75
19:30	30	40	45	60
20:30	35	案内終了	案内終了	案内終了

夜になっても待ち時間が短くなりにくい

攻略チャート

①《美女と野獣…》に行く?
行かない ／ 行く

開園は45分早まるケースが多いので注意!(P24)

②《美女と野獣…》では有料パスを使う?
使う ／ 使わない

開園直後は《美女と野獣…》へ

開園直後に!

待ち時間が安定する午後に

モンスターズ・インクのモンスターにはパークオリジナルも! ㊴ モンスターズ・インク "ライド&ゴーシーク!"

TDL限定オレンジ色の毛が特徴のロッキーも登場

映画『モンスターズ・インク』の世界でかくれんぼゲームに参加。ヘルメットにライトを当てると、モンスターが姿を見せます。**降車後の出口と併設ショップ内では、アトラクション内で撮影された写真がモニターに映し出されるのでお見逃しなく!** エントランスに近いため、閉園間際でも待ち時間は長め。

フラッシュライトかくれんぼゲーム!

乗り物 ／ 混雑度 B
こども向き ☆☆☆☆☆ ／ こどもが怖がる要素
絶叫度
利用制限
プライオリティパス ／ 有料パス(DPA) ／ シングルライダー

Mマークのヘルメットにライトを当てると、モンスターたちが反応!

TDL限定モンスターのロッキーを探そう!

待ち時間

	平日	混む平日	土日	激混み
9:00	40	55	60	70
9:30	45	60	65	80
10:30	45	60	70	80
11:30	45	55	60	75
12:30	40	45	55	70
13:30	35	40	50	70
14:30	35	35	45	55
15:30	35	50	70	75
16:30	40	45	65	70
17:30	35	45	60	65
18:30	35	45	55	60
19:30	25	30	35	40
20:30	30	30	案内終了	案内終了

プライオリティパス発券終了時刻
平日 14:30 ／ 混む平日 12:30 ／ 土日 12:00 ／ 激混み 10:30

ワールドバザール
アドベンチャーランド
ウエスタンランド
クリッターカントリー
ファンタジーランド
トゥーンタウン
トゥモローランド

キャラに会いたい人必見! ここで会える! TDLグリーティングマップ

TDLでは、**並べば確実にキャラに会える**グリーティングを5カ所で実施しています。ほかにも、パーク内で**突発的に現れたキャラに会える**ことがありますが、キャラがよく出没するのがマップの★の場所。この近くを通るときは、キャラがいないかあたりを見渡してみよう!

グリーティングの裏技

ワールドバザール
アドベンチャーランド
ウエスタンランド
クリッターカントリー
ファンタジーランド
トゥーンタウン
トゥモローランド

★ **ロジャーラビットの カートゥーンスピン前**
ミッキー&フレンズなど

★ **スプラッシュ・マウンテン 出口周辺**
チップ、デール、ブレア・ラビットなど

★ **シンデレラ城裏**
プリンス・プリンセスなど

★ **カントリーベア・シアター前**
ウッディ、ジェシーなど

★ **スペース・マウンテン横**
スティッチ、エンジェルなど

★ **魅惑のチキルーム前**
ホセ、パンチート、キング・ルーイ、バルーなど

🖐① メインストリート・ハウス前
抽選制（エントリー受付）

登場キャラクター
ミッキー、ミニー
ランダムでどちらかに会える

🖐② ウッドチャック・グリーティングトレイル

登場キャラクター
ドナルド、デイジー
待ち列が別々に作られており
選んだ相手に会える

混雑度 **B** ドナルド 待ち時間

	平日	混む平日	土日	激混み
9:00	25	35	40	45
9:30	30	40	45	60
10:30	35	35	40	50
11:30	30	35	35	40
12:30	30	30	35	40
13:30	25	25	30	30
14:30	35	40	45	45
15:30	40	45	50	60
16:30	30	35	40	55
17:30	30	30	35	50
18:30	35	45	40	案内終了
19:30	案内終了	案内終了	案内終了	
20:30				

混雑度 **C** デイジー 待ち時間

	平日	混む平日	土日	激混み
9:00	20	25	25	35
9:30	30	35	40	50
10:30	30	35	35	40
11:30	25	30	30	30
12:30	25	25	25	30
13:30	15	25	25	25
14:30	20	35	40	45
15:30	30	30	35	55
16:30	20	25	30	45
17:30	25	25	25	50
18:30	30	30	30	50
19:30	案内終了	案内終了	案内終了	案内終了
20:30				

③ ミッキーの家と ミート・ミッキー

TOKYO Disneyland

グリーティングの裏技

登場キャラクター

ミッキー

コスチュームは
4種類！
どれに会えるかは
そのとき次第

2023年11月から
カメラマンによる
撮影サービスが復活！

混雑度 Ⓐ	待ち時間			
	平日	混む平日	土日	激混み
9:00	40	45	60	70
9:30	50	55	60	70
10:30	40	45	50	60
11:30	35	40	45	55
12:30	35	35	45	50
13:30	30	35	40	40
14:30	30	30	35	40
15:30	40	45	50	65
16:30	35	35	45	65
17:30	35	35	40	60
18:30	30	30	35	55
19:30	25	25	30	50
20:30	案内終了	案内終了	案内終了	案内終了

④ ミニーのスタイル スタジオ

登場キャラクター

ミニー

大きなリボンの外観が特徴！

ミニーは
ファッションデザイナー！
作業場など衣装の
制作現場が見られる！

ミニーのコスチュームは
四季で変わる！

オープン時は
秋の装い！

混雑度 Ⓐ	待ち時間			
	平日	混む平日	土日	激混み
9:00	40	45	55	60
9:30	45	50	55	70
10:30	35	40	50	60
11:30	35	35	45	50
12:30	30	35	40	45
13:30	30	30	35	40
14:30	25	30	35	35
15:30	35	35	45	60
16:30	30	35	40	65
17:30	30	35	40	60
18:30	25	30	35	50
19:30	20	20	30	45
20:30	案内終了	案内終了	案内終了	案内終了

ワールドバザール
アドベンチャーランド
ウエスタンランド
クリッターカントリー
ファンタジーランド
トゥーンタウン
トゥモローランド

ショーの裏技

ディズニーに来たら、ぜひ見たい！
TDLのレギュラーショー&パレード8種

有料パス（DPA） 2023年4月スタート新パレード

ディズニー・ハーモニー・イン・カラー → P2

12台のフロートに50以上のキャラが出演するお昼のパレード。色鮮やかなフロート&衣装がとても華やか！ 徒歩のキャラも多いため、座り見の最前列が◎。

有料パス（DPA） 一度は見たい！ TDL 定番パレード

東京ディズニーランド・エレクトリカルパレード・ドリームライツ → P62

TDLの夜の定番 "光と音のパレード"。混雑日も1時間前に待機すればよい場所で鑑賞可能。鑑賞エリアにロープが張られない**「プラザ」がオススメ**。

雨の日限定のレアなパレード

④ ナイトフォール・グロウ

《TDL・エレクトリカルパレード・ドリームライツ》が中止の場合に、代わりに公演される**雨の日限定のレアなパレード**。他のパレードとは**走行ルートが逆**になっていることに注意。

抽選制 2021年4月スタートの新ショー！

⑤ ミッキーのマジカルミュージックワールド → P62

ミッキーたちがディズニー映画の音楽の世界を旅するショー。総勢31キャラが出演し、豪華な舞台装置&演出で感動間違いなし！

抽選制 "カッコイイ"が詰まった激アツなショー！

⑥ クラブマウスビート → P5

クラブを舞台にミッキーたちがヒップホップやラテン、ポップスなどの歌とダンスを繰り広げるライブショー。シビれるかっこよさ！『カーズ』のマックィーンも登場！

抽選制 大人もハマる！ 人気ショー

② ジャンボリミッキー！レッツ・ダンス！ → P62

シアターオーリンズで、《レッツ・パーティグラ！》に代わって公演されているキッズショー。ダンスが魅力的で、大人までも病みつきになる人続出！

花火

⑦ スカイ・フル・オブ・カラーズ → P63

抽選制 2020年以降休止中

① レッツ・パーティグラ！

映画『三人の騎士』のドナルド、ホセ、パンチートが主役。**客席通路にキャラがきてくれて**ハイタッチができるのもうれしい！

ショーレストランが復活
2つのディナーショーが楽しめる!

ミッキーのレインボー・ルアウ
19 ポリネシアンテラス・レストランで公演

さまざまな記念日を、ミッキーたちが歌やダンスでお祝いしてくれるショー。ショーの最初に、出演者とミッキーたちがゲストの記念日を聞いて回り、触れ合うことができます。その**記念日を実際にショーの中でお祝いしてくれる**ので、お祝いにぴったり!

食事の時間はショーの前と途中に確保されているので、ゆっくりと食事をすることができます。

所要時間	約65分（公演時間：約55分、途中で食事時間あり）
登場キャラクター	ミッキー、ミニー、チップ、デール、クラリス

ザ・ダイヤモンド・バラエティマスター
20 ザ・ダイヤモンドホースシューで公演

世界で一番のバラエティショーを目指し、ミッキーたちがパフォーマンスを披露するショー。見どころは、ミッキーたちの楽器演奏!

ショーが終わるとすぐに退店しなければならないため、**ショーに集中したい場合、始まる前に食事をすべて食べ終わる必要があり、かなり慌ただしいです。**とくにこども連れの場合は、ゆっくり食事はできないものと思っておくべき!

所要時間	1回 約65分（公演時間：約30分）
登場キャラクター	ミッキー、ミニー、ドナルド、デイジー、クララベル、ホーレス

キャラがテーブルを回ってきてくれる!

B席は斜めからの鑑賞だけど一段高いのでこども向け!

S席のステージ横席は超近距離!

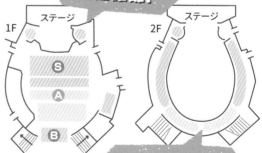

2階席からはステージを見下ろす形で鑑賞

予約制です!予約開始は1カ月前の9:00から!

料金表

	大人	小人（4〜11才）
S席	6,500円	4,500円
A席	6,000円	4,000円
B席	5,500円	3,500円

エレクトリカルパレードは密かにリニューアルされている！ ③

東京ディズニーランド・エレクトリカルパレード・ドリームライツ

過去4度も大規模リニューアル プリンセスが豪華な美しさに

TDL夜の定番パレードは、フロート（山車）のLED化が進められています。2017年夏の4度目のリニューアルでは『シンデレラ』、『美女と野獣』、『アナと雪の女王』が加わりました。

フロート単体が予告なしにリニューアルされることも

告知なしのリニューアルも。2019年夏には『ふしぎの国のアリス』が、2022年夏にはミッキー、ミニー、グーフィーが乗るフロートが新しくなりました。年々、輝きが増しています。

リニューアルで新たに登場したフロート

2022年夏にリニューアル！

ミッキーのドリームライツ・トレイン

シンデレラ

美女と野獣

シンデレラが乗るカボチャの馬車

プリンス・チャーミングの舞踏会

ルミエール

アナとエルサの氷の城にはオラフも登場！

アナと雪の女王

ベルと野獣のダンス

抽選制 **ゼッタイ抽選したい！ TDL初の屋内シアター 31キャラの豪華ショー**

⑤ ミッキーのマジカルミュージックワールド

出演キャラクター

ミッキー／ミニー／ドナルド／グーフィー／白雪姫／ピノキオ／ジミニー・クリケット／ウッディ／ルミエール／ベル／アリス／マッドハッター／メリー・ポピンズ／キング・ルーイ／バルー／モンキー／ティモン／シンデレラ／ジャスミン／ラプンツェル／プーさん／エルサ／ジュディ／アースラ／フック船長／スミー／ピーター・パン／デイジー／チップ／デール／プルート

キャラも演出も超豪華！ 見ごたえ抜群の神ショー

31キャラという圧倒的な出演数に加え、大がかりな舞台装置や映像も見ごたえ抜群のショー。**よほど空いている日以外は、すべての回が抽選制（P7）なので、まずは必ず抽選を！**

抽選制 **こどもも大人も踊る！ 盛り上がり必至！ SNSでも話題のダンス**

② ジャンボリミッキー！ レッツ・ダンス！

座席はA～Cの3ブロック

A B C

公式サイトでダンスのレクチャー動画を予習しよう！

ミッキーたちと一緒に**ダンスを踊るキッズ向けプログラム**。のはずが、不思議と耳に残る音楽とダンスで、大人にも超人気！ 会場外でも踊り出す人続出の人気ショー！

スカイ・フル・オブ・カラーズ
花火おすすめ鑑賞場所はココ!

《スカイ・フル・オブ・カラーズ》は、**20:30頃に打ち上げられる花火のショー**。風向きが住宅街方向になることが多い**7〜9月上旬以外は、毎日公演**されます。平坦なTDLでは、基本的にどこからでも花火が楽しめますが、その中でもちょっと違った味わいのある、オススメ鑑賞スポットがこちら!

クリッターカントリーは打ち上げ場所にもっとも近いが、風下だと塵が降る可能性があり、通行止めになる場合がある

打ち上げ地点
日によって微妙に変わる

オススメ度:★☆☆☆☆
トゥーンタウンの景色とともに花火が!見る人が少ない穴場

オススメ度:★★★★☆
イッツ・ア・スモール・ワールドのライトアップと一緒に見られる

オススメ度:★☆☆☆☆
真上を見上げるくらいの距離。もっとも近くで花火が見られる大迫力の場所

オススメ度:★★☆☆☆
シンデレラ城脇に花火があがる。もっともキレイに見える場所

オススメ度:★★☆☆☆
打ち上げ場所に近く電灯も少なく暗い。開けているので見やすく、迫力がある

花火はシンデレラ城のかなり左方向にあがる。シンデレラ城と一緒に見たい場合は、プラザの右半分から見よう

オススメ度:★☆☆☆☆
ミッキーとウォルトのパートナーズ像とプラザ、シンデレラ城の景色と一緒に楽しめる

ショーの裏技

レストランの裏技

絶対食べたい！
TDLキャラメニュー＆定番グルメ

TDLにはキャラクターをイメージした、見た目も楽しい映えフードがたくさん。さらに、豊富にある食べ歩きや定番人気メニューの中から、とくにオススメのものを一挙紹介！　マップを見ながら食べ歩こう！

映え楽しい！キャラメニュー

3つの味のひんやり食感 もちまんじゅう

リトルグリーンまん　400円

43 パン・ギャラクティック・ピザ・ポート

41 プラズマ・レイズ・ダイナー

かわいい見た目の人気メニュー！　中身はカスタード、ストロベリー、チョコレートが1つずつ。食べるまで中身がわからない楽しさも！

ハズレなし！定番＆持ち歩き

TDL限定ポップコーン

BBポップコーン

40 ビッグポップ　500円

普通より大きい・味が濃い・香りも強い、3拍子揃った高級ポップコーン。TDLでもここでしか買えない限定メニュー。

ストロベリーミルフィーユ

ソルティキャラメル

チェダーチーズ

ミッキー型と星形！

ミッキーチュロス

シナモン　450円

10 パークサイドワゴン

21 ペコスビル・カフェ

39 トゥモローランド・テラス

チュロス（星型）

アップルキャラメル　500円

N3 ラ・タベルヌ・ド・ガストン

N4 ル・フウズ

パークのチュロスは、断面がミッキー型の「ミッキーチュロス」と星型の「チュロス」の2種類。星型のほうがサクサク感が強め！

かぶりつき肉はこの2つがオススメ！

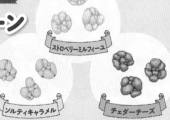
T

スモークターキーレッグ

24 カウボーイ・クックハウス　900円

ボリュームたっぷりのかぶりつきTDL定番フード！　燻製が香ばしく、ターキーの独特の食感がクセになるおいしさです。

C

スモークチキンレッグ　600円

25 キャンプ・ウッドチャック・キッチン

ターキーが苦手な人にオススメしたいのが、こちらの新フード！　香ばしさはそのままに、チキンの柔らかい食感が特徴です。

レストランの裏技

『モンスターズ・インク』のマイクがパンに！

マイクメロンパン
500円

4 スウィートハート・カフェ

同じ店には、ミッキーシェイプのパンやプルートが好きな骨型ライスブレッドなど、持ち歩き＆写真映えするパンがたくさん！

写真映え＆ボリューム感で高コスパ！

ミッキーワッフル
600円

7 グレートアメリカン・ワッフルカンパニー

2023年に入ってからとくに人気が高まり、60分待ち以上になることも珍しくない超人気フード。サクサク食感がとってもおいしい！

ミッキーのグローブ型サンド！

グローブシェイプ・エッグチキンパオ
600円

36 ヒューイ・デューイ・ルーイのグッドタイム・カフェ

ふわっふわのパオに、ジューシーなチキンを挟んだ、おいしさで人気のフード！　パレード待ちなどでの持ち歩きフードとしても重宝。

しっとりふわふわデザート！

ミッキーカステラケーキ
（ストロベリー）**400円**

29 キャプテンフックス・ギャレー

クリームが入ったふわふわのカステラケーキ。大きなミッキーの顔の形がキュートな、こどもに大人気のメニュー！

TDL名物春巻き！

スプリングロール
380円

36 ヒューイ・デューイ・ルーイのグッドタイム・カフェ

以前はピザ味もありましたが、今はエッグ＆シュリンプ味1種類のみ。ミッキーが描かれたかわいいパッケージにも注目！

通は知る絶品スイーツ

ティポトルタ
500円

33 ビレッジペイストリー

アツアツ＆サクサクのスティック型デザート。TDR40周年期間はチョコレート＆オレンジ味を販売中。

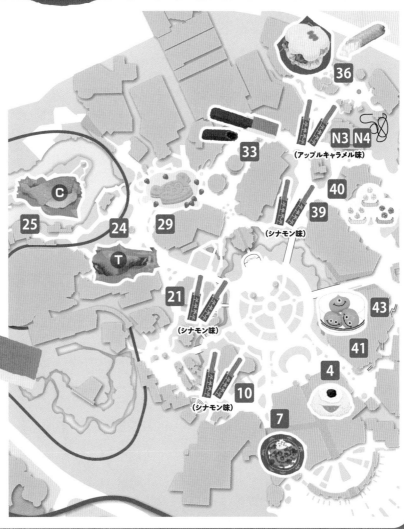

65

シチュエーション別！　こんなときには
このレストランへGO！

パークのレストランには"混んでる""高い"というイメージがありませんか？　そんなイメージを覆す"空いてる""コスパのよい""パレードが見られる"レストランを、それぞれランキングで紹介！

26 グランマ・サラのキッチン

空いてる 4位 屋内の480席

外まで列ができることもありますが、回転は速めです。屋内席で安心。ただし、下の階はスマホの電波が悪い場所もあるので注意。

コスパ 4位 セット 2000円以下

期間限定セットメニューは、ほぼ2000円以下とお得。レギュラーメニューも、パークの中ではお手頃な値段設定で、コスパよし！

23 ハングリーベア・レストラン

空いてる 5位 席数多い 690席

TDLで座席数4位の定番人気店。購入までは時間がかかることもありますが、席・テーブル数が多い分、入れ替わりが頻繁で、席の確保は容易。

コスパ 1位 カレー 900円〜

お手軽メニューと言えばカレー。チキンカレーは900円で、TDLでは最高のコスパ。ラージサイズは男性でも満足感十分な量があります。

22 プラザパビリオン・レストラン

空いてる 3位 穴場の380席

パレードルート沿いの目立たない場所にあるので空いています。ただし、屋外席がほとんどなので、雨の日はオススメできません。

パレード ★★ 木々の隙間から見える

やや距離のあるところから、木々の間を通るパレードが見える感じ。食事のついでにちらっと見えればラッキーという程度なら、ここもアリ！

8 クリスタルパレス・レストラン

コスパ 5位 食べ放題 4500円

TDL唯一のブッフェ（食べ放題）メニュー。大食いの人には最高のコスパです。75分の時間制限あり。事前予約（P110）がオススメ。

パレード ★ 席によっては見られるかも？

室内から窓越しに、木々の隙間からのぞく形になり見にくい。席も自分では決められず、窓際の席に着ける保証がないのが難点。

＼TDLでもお酒が飲める！／

以前は、お酒が飲めることもTDSならではの特徴でしたが、**2020年以降は、TDLでもアルコールを販売！** テーブルサービスのレストランで飲めるほか、ターキーレッグなど食べ歩きフードのフードワゴンでもビールを買えます。期間限定のアルコールドリンクも豊富で、《ラ・タベルヌ・ド・ガストン》（P13）ではビアカクテル、《トルバドール・タバン》を含むいくつかの店舗ではカクテル系のアルコールも販売中。

雰囲気抜群でデート向き！
12 ブルーバイユー・レストラン

アトラクション《カリブの海賊》（P40）乗り場から見えるあのレストラン。見たことあるけど入ったことない率No.1かも。**入江と星空というとびきりの雰囲気**に包まれて食事ができます。コース料理なので1人7000円程度と高めかつ予約必須ですが、デートにはイチオシ。

ホタルの舞う湿地

このあたりをアトラクションの船が横切る

ここが混んでたらどこも混んでる！
空いてるレストラン
空いてる

高いパーク飯を避ける！
コスパで選ぶレストラン
コスパ

追加料金なしで
パレードも見られるレストラン
パレード

---

29 キャプテンフックス・ギャレー

パレード ★★ スグ近くで見られる！

木々の隙間からにはなりますが、パレードルートはスグ近くなので、雰囲気と臨場感が味わえます。でもその分、落ち着かないかも？

---

36 ヒューイ・デューイ・ルーイのグッドタイム・カフェ

空いてる 1位 奥地の410席

座席数は多くありませんが、目立たない場所にあるので、いつも空いています。屋外ながら大部分の席が屋根付きで、雨でも安心。

ミッキーの形のピザ！
ミッキーの手の形のサンド!!

ヒューイ・デューイ・ルーイの
グッドタイム・カフェ

36

26 グランマ・サラのキッチン

29 キャプテンフックス・ギャレー

39 トゥモローランド・テラス

23 ハングリーベア・レストラン

22 プラザパビリオン・レストラン

41 プラズマ・レイズ・ダイナー

8 クリスタルパレス・レストラン

4 スウィートハート・カフェ

3 センターストリート・コーヒーハウス

12 ブルーバイュー・レストラン

---

39 トゥモローランド・テラス

空いてる 2位 圧倒的1540席

TDL、TDSの全レストランで席数1000超えはここだけ。ぶっちぎりの広さと座席数を誇り、多少の行列があっても席の確保は容易！

パレード ★★★★

遠目だけど障害物なし

距離はやや遠いものの、プラザから〈トゥモローランド〉に向かう橋の上を進むパレードを、障害物にさえぎられることなく鑑賞できます。

テラス席からはパレードを間近に見ることができる

入口

テラス席は入口を入って右です

テラス席

---

41 プラズマ・レイズ・ダイナー

コスパ 2位 ライスボウル単品1160円

お手頃価格のライスボウルは見た目以上のボリューム。席数はTDLで2番目に多い約930席ですが、かなり混雑するのが難点です。

パレード ★★★★★

停止中のパレードも見られる！

テラス席はパレードルートに近く、見やすさバツグン。座席数も豊富で穴場のスポットです。イベント期間のパレードの停止も見られる！

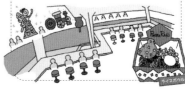

---

4 スウィートハート・カフェ

コスパ 3位 パン 250円〜

400円前後のパンと700円前後のサンドウィッチを販売。パレード待ちに最適。閉園まで営業する数少ない店なので、閉園間際は混雑。

時間限定のデザートセットが人気！
3 センターストリート・コーヒーハウス

以前は朝食限定メニューがありましたが、9時開園となった現在はありません。代わりに**14〜17時限定のデザートセット**が人気。時間限定のレア感と、華やかな見た目のデザートが好評です。このメニューのために**本来は空きがちな昼の時間帯も混雑する**ので、予約必須！

混雑日でもポップコーンを並ばず買える穴場の3カ所!

混雑日は20分以上待つことも! 目立たない立地の穴場を狙え!

定番持ち歩きメニューのポップコーンは、休日の日中、待ち時間が20分以上になるほど混雑します。とはいえ、TDLに15カ所ある販売場所の中には穴場も。《ポップ・ア・ロット・ポップコーン》は〈トゥーンタウン〉の奥地にあり、レストラン《カフェ・オーリンズ》前も目立たない場所のため、空いています。また、《ポッピングポッド》は列が長くてもレジ2台体制のため、早く買えます。

レストランの裏技

注目のポップコーンバケット

折りたためる

ドナルド（2,600円）

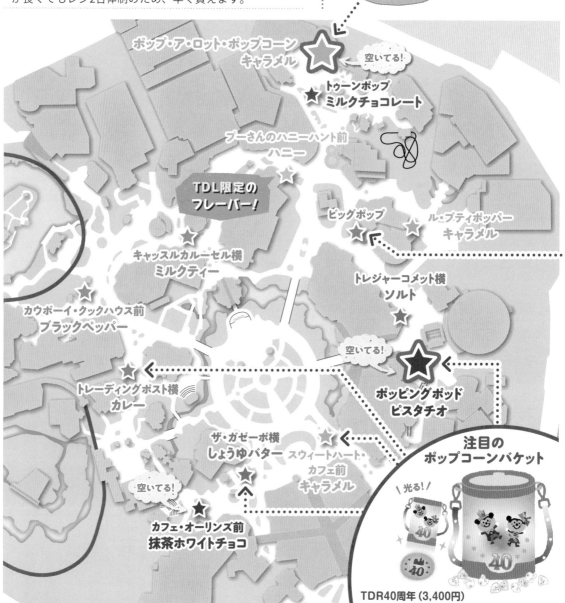

ポップ・ア・ロット・ポップコーン キャラメル — 空いてる!

トゥーンポップ ミルクチョコレート

プーさんのハニーハント前 ハニー

TDL限定のフレーバー!

ビッグポップ

ル・プティポッパー キャラメル

キャッスルカルーセル横 ミルクティー

トレジャーコメット横 ソルト

カウボーイ・クックハウス前 ブラックペッパー

トレーディングポスト横 カレー

空いてる! ポッピングポッド ピスタチオ

ザ・ガゼーボ横 しょうゆバター

スウィートハート・カフェ前 キャラメル

空いてる! カフェ・オーリンズ前 抹茶ホワイトチョコ

注目のポップコーンバケット

光る!

TDR40周年（3,400円）

※2023年11月現在。ポップコーンの味やバケットのデザインは変更されることがあるので、お出かけ直前に公式サイトでご確認ください。

ポップコーン3つの買い方＆豆知識

定番パークフードのひとつがポップコーン！　フレーバーも、バケットもたくさんあって、迷いますよね……！　そんなポップコーンには3つの買い方があります。

1 ポップコーンバケットを買う

バケットは**ポップコーン込みの価格**なので、購入すると中にポップコーンを入れて手渡されます。でも、もし別の味のポップコーンが欲しいときには、**中身を入れてもらう代わりに"ポップコーン引換券"**をもらい、好きな味を扱っているワゴンに行って入れてもらうこともできます（P111）。

> ステンドグラス風でキレイ！夜は幻想的な輝き

美女と野獣
（3,400円）
ル・プティポッパー

バケットは時期やワゴンによって販売しているものが異なります。自分が行く日にどんなバケットが、どこで販売しているかを、公式サイトで必ず確認しましょう。

2 リフィル（600円）を買う

自分が持っているバケットをワゴンに持参して、ポップコーンで満タンにしてもらう、いわゆる"おかわり"。料金的にお得！

3 レギュラーボックス（400円）を買う

紙パッケージに入れて手渡されるもので、量はリフィルの半分強。たくさんの味を食べ比べたいときは、こちらを選ぶとお腹にも優しい！レギュラーボックス用のケースも販売されていて、蓋付き＆かさばらないので人気！

TDR40周年（1,600円）
※ポップコーン付き

アツい日はワゴンが休止！？

ポップコーンワゴンは、気温が高くなると機材への負荷を考慮して休止します。7〜9月の30℃を超えるような日は、日中はずっと休止し、夕方頃からしか営業しないワゴンも多くあります。夏に来園するときは注意しましょう。

普通よりデカイ＆濃い！？限定ポップコーン
TDR初のポップコーン専門店 40 ビッグポップ

ここでしか食べられない！特別なポップコーンを見逃すな

ここでしか食べられない、**大きい＆濃い味が特徴のBBポップコーン**を販売。フレーバーも限定で、高級感のある3種類。ポップコーンの形をモチーフにした照明や、天井の星座に現われる**"隠れベイマックス"**も見逃すな！

パーク内ほぼすべてのバケットが手に入る！

パーク内のポップコーンワゴンで販売されているほぼすべてのバケットがそろっている、ポップコーン専門店です。**どれかバケットが欲しいときはまずこのお店へ！**　2023年10月現在、8種類のバケットを取り扱っています。

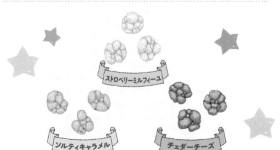

ストロベリーミルフィーユ

ソルティキャラメル

チェダーチーズ

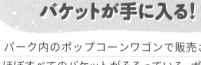

BBポップコーンとは…？

普通のポップコーンより
- 大きさがデカイ！
- 味が濃い！
- 香りも強い！
- 高級ポップコーン！

大きなフィギュアがもらえる 超人気ゲーム店!

ショップの裏技

2種類のゲームに挑戦! フィギュアがもらえるかも

1ゲーム700円で、どちらかのゲームにチャレンジ。成功すると時期によって変わる景品をもらうことができ、フィギュアはビッグサイズ! **失敗してもチャーム**がもらえます。

初心者には丸太投げが簡単 コツをつかんで景品ゲット

丸太投げゲームは、こどもでも成功できるほど簡単。ボール転がしゲームは、初挑戦では激ムズだけど、運要素が少なく、慣れれば成功しやすい大人向け。**待ち列は別々**なので注意。

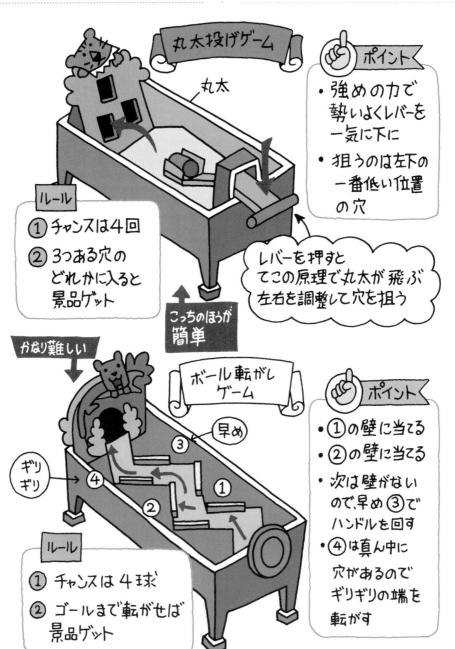

丸太投げゲーム

丸太

ルール
① チャンスは4回
② 3つある穴の どれかに入ると 景品ゲット

ポイント
・ 強めの力で 勢いよくレバーを 一気に下に
・ 狙うのは左下の 一番低い位置 の穴

レバーを押すと てこの原理で丸太が飛ぶ 左右を調整して穴を狙う

こっちのほうが 簡単

かなり難しい

ボール転がし ゲーム

早め
③
ギリギリ ④
① ②

ルール
① チャンスは4球
② ゴールまで転がせば 景品ゲット

ポイント
・ ①の壁に当てる
・ ②の壁に当てる
・ 次は壁がない ので、早め③で ハンドルを回す
・ ④は真ん中に 穴があるので ギリギリの端を 転がす

入るだけでワクワクするガラス製品店がある!

32 ガラスの靴

ガラス加工の実演もある城内の雰囲気抜群のお店

シンデレラ城内にあるTDR最大のガラス製品のショップ。グラスや写真立て、フィギュアなどを販売。ガラス加工の実演を見ることもでき、店内を眺めているだけでも楽しいショップ。

職人のガラス加工実演も!

名入れできるボールペンが人気!イベント限定商品もアリ!

名前などが刻印できてプレゼントにも最適!

高級感のあるガラス製品に名入れもできるので、プレゼント用として人気があります。写真立てには日付も入れることができるので、記念日などのお祝いにも最適です。

混雑時はもうひとつのガラス製品店が穴場!

《ガラスの靴》は混雑しがちなので、混雑日は〈アドベンチャーランド〉にある《クリスタルアーツ》もオススメ!品ぞろえは劣りますが、オリジナルの名入れグッズはこちらでも作れます!

人気の赤ちゃん用品店がシンデレラ城裏にある!

33 ブレイブリトルテイラー・ショップ

パーク限定のベビー用品が豊富な人気店

TDRでもっとも品ぞろえが豊富なベビー用品店。ベビー服・こども服が充実しているほか、ぬいぐるみやおもちゃ類、赤ちゃん用の食器なども販売。市販品も多くありますが、「TOKYO DISNEY RESORT」のロゴ入り商品はパーク限定。

おみやげや出産祝いのプレゼントでも喜ばれる

こどもと一緒に来園した人が自宅用として買うのはもちろん、おみやげや出産祝いのプレゼントとして購入する人も多い人気店です。ラッピングバッグに入れると、いっそう喜ばれます。

TDLオリジナル香水のお店がひっそり営業中!

17 ラ・プティート・パフュームリー

知る人ぞ知るお店のオリジナル香水は必見

香水とバス用品を扱うショップ。《カリブの海賊》近くの小路、ロイヤルストリートの一番奥という目立たない場所にありますが、TDLオリジナル香水も販売する、知る人ぞ知る店。プレゼントにぴったりのグッズがいっぱいです。

キャラクター付きボトルのバス用品がお手頃

手頃な価格のバス用品も充実しています。香水やバス用品はミニーやデイジー、ティンカーベルなどキャラクターデザインのボトルになっていて、種類も豊富。テスターもあります。

小学生以下専門ビューティサロンで
あこがれのプリンセスに!

ビビディ・バビディ・ブティック
（東京ディズニーランドホテル内）

ショップの裏技

東京ディズニーランドホテル内でプリンセスに変身!

3才〜小学生以下のこどもが利用できます。ドレスやシューズ、メイク用品などはそのまま持ち帰れます! 料金はお手軽ではありませんが、こどもにとってあこがれのプリンセスになれるわけですので、料金に見合った価値ある体験ができます。一生の思い出になること、間違いありません。

予約は1カ月前の9:00から午前中の枠は瞬殺!

プリンセスに変身したままパークで遊べるので、午前中の予約は瞬殺で埋まります。予約開始の1カ月前の9時に、忘れずに予約するようにしましょう。一方、午後の枠はそこまでスグには埋まりませんので、午前中はしっかりアトラクションを楽しんで、午後をプリンセス気分で過ごすのもアリ。

ドレスは **6＋1** 種類

シンデレラ / オーロラ / アリエル
ベル / ラプンツェル / エルサ
＋
シンデレラ（プレミアムドレス）

⚠ 東京ディズニーランド店は2020年2月以降、休止中

ラプンツェル

エルサ

プリンセスフォトって何?
専用フォトスタジオでの撮影
撮影はサロンを利用したこどものみで家族一緒の写真は撮れません

	キャッスルコース	キャリッジコース	クラウンコース
ヘアメイク メイクアップ キッズ用マニキュア	○	○	○
ドレス＆シューズ	○	○	×
プリンセスフォト	○	×	×
所要時間	約75分	約45分	約30分
料金	37,400円	29,150円	9,350円

※シンデレラ（プレミアムドレス）を着用する場合＋25,850円

キャッスルコースでお持ち帰りできるもの

- ドレス
- シューズ＆シューズポーチ
- プリンセスフォト
- サッシュ
- コスメパレット
- ティアラまたはヘアアクセサリー
- チークパウダー
- キッズ用マニキュア
- ネイルシール
- スーベニアバッグ

プリンセスになるまで
キャッスルコース/キャリッジコース

① ご挨拶の練習
② ドレスにお着替え
③ ヘアメイク＆メイクアップ
④ キッズ用マニキュア
⑤ サッシュの着用
⑥ 変身完了
⑦ プリンセス証明書にサイン

TDSの今を楽しむ! 3つのカギ

Key Point 1 不動の人気! どちらかは乗りたい! ソアリン&トイ・ストーリー・マニア!

- ファミリーは**トイマニ**、大人は**ソアリン**が**オススメ**
- 開園直後、どちらかに乗るだけでも満足度 📈
- 待ち時間が長いときは有料パス（DPA、P6）も考えて!

Key Point 2 TDSは疲れるので…… 移動手段アトラクを有効活用!

- TDSは広い+アップダウンが多いので、疲れる!
- 船や電車をどんどん使って体力を温存&回復!

Key Point 3 会えるのはTDSだけ ダッフィーに会いに行こう!

- グリでは、施設に設置された複数カメラによる自動撮影がスタート

絶対乗るべき 鉄板アトラクションランキング

1位

リピーター続出の圧倒的人気

トイ・ストーリー・マニア!

7 P85

TDSで不動の人気を誇るアトラクション。アンディのおもちゃ「トイ・ストーリー・カーニバルゲーム」5種類が3D映像で展開されるアトラクション。いずれもシューティングゲームで、直感的な操作で誰でも楽しめる。ハイスコアを目指すリピーターが絶えない!

2位

恐怖の虜になる人続出の最恐アトラク

タワー・オブ・テラー

8 P88

オーナーが謎の失踪を遂げたホテルの見学のツアーに参加し、恐怖の体験をするというフリーフォール型アトラクション。作り込まれたホテルの外装と内装、恐怖の演出と世界観で、TDR最恐ながらも虜になる人が続出!

3位

海と景色を楽しむTDSの象徴

ヴェネツィアン・ゴンドラ

1 P81

水の都ヴェネツィアを思わせるゴンドラで運河を進む、ロマンチックなアトラクション。メディテレーニアンハーバーとプロメテウス火山というTDSを象徴する景色を、水上から堪能できる。

4位

リアルな浮遊感の最新アトラク

ソアリン:ファンタスティック・フライト

3 P82

海外パークで人気のアトラクションが東京上陸! 五感で味わうゆったりとした空の旅が楽しめる。東京オリジナルシーンに感動すること間違いなし!

5位

古代神殿をオフロード車で疾走!

インディ・ジョーンズ・アドベンチャー:クリスタルスカルの魔宮

12 P90

"若さの泉"が隠されているという噂のある古代神殿ツアーに参加するアトラクション。猛スピードで走るオフロード車は、絶叫系とは違った疾走感が魅力!

6位

地底世界でスリリングな探検

センター・オブ・ジ・アース

25 P95

TDSを象徴するプロメテウス火山の地底世界を探検。火山活動の発生で予定のコースをはずれた地底走行車が、噴火とともに火山から飛び出す瞬間はタワテラ以上の恐怖感!

7位

無限のバリエーションで楽しめる

タートル・トーク

9 P89

映画『ファインディング・ニモ』シリーズに登場するカメのクラッシュと会話をするアトラクション。2017年のリニューアル以降は、多彩なキャラが登場中!

こどもと一緒に乗りたい
アトラクションランキング

1位 ⑰ P92

ジーニーのマジックを堪能!

マジックランプ シアター

ランプの魔人ジーニーが登場する 3D マジックショー。アドリブの多いマジックパートから、画面から飛び出すジーニー魔法のパートまで、驚きの連続!

2位 ⑮ P91

つい口ずさみたくなる名曲

シンドバッド・ストーリーブック・ヴォヤッジ

アトラクション全編で流れる曲を手掛けたのは、『美女と野獣』『アラジン』など誰もが知る名曲を作曲したアラン・メンケン。ボートでゆったり進むので、こどもも楽しめる。

3位 ⑪ P89

映画の世界に飛び込む!

ニモ&フレンズ・シーライダー

魚サイズに縮む潜水艦で『ファインディング・ニモ』シリーズの世界を冒険。複数のストーリーがランダムに登場するので、乗るたび違う体験ができる。ただし、身長制限あり。

アトラクションの利用制限に注意!

赤ちゃん 抱っこでも OK	P81 ヴェネツィアン・ゴンドラ　P81 フォートレス・エクスプロレーション P84 ディズニーシー・トランジットスチーマーライン　P84 ビッグシティ・ヴィークル P84 ディズニーシー・エレクトリックレールウェイ　P89 タートル・トーク P91 シンドバッド・ストーリーブック・ヴォヤッジ　P91 キャラバンカルーセル P92 マジックランプシアター　P93 ブローフィッシュ・バルーンレース P93 アリエルのプレイグラウンド　P94 マーメイドラグーンシアター P94 ワールプール　P95 海底2万マイル
補助なしで 座れればOK	P85 トイ・ストーリー・マニア!　P89 アクアトピア P91 ジャスミンのフライングカーペット　P92 スカットルのスクーター P93 ジャンピン・ジェリーフィッシュ
90cm以上OK	P89 ニモ&フレンズ・シーライダー P92 フランダーのフライングフィッシュコースター
102cm以上OK	P82 ソアリン:ファンタスティック・フライト P88 タワー・オブ・テラー
117cm以上OK	P90 インディ・ジョーンズ・アドベンチャー P95 センター・オブ・ジ・アース

※《レイジングスピリッツ》〈P90〉は117cm以上、195cm以下OK

速報!! 3つのエリア+新ホテル
2024年6月6日! 新テーマポート誕生

TDS新テーマポートの名称は〈ファンタジースプリングス〉。"魔法の泉が導く
ディズニーファンタジーの世界"をテーマに、3つのディズニー映画の世界を再現!
これまで以上にファンタジー感溢れる世界がTDSに誕生します。
このエリアに入場するには、4つのアトラクションどれかの
有料パス(DPA、P6)orスタンバイパス(P7)が必要です。

『アナと雪の女王』エリア
フローズンキングダム

水流ライドアトラクション
《アナとエルサのフローズンジャーニー》
ボートに乗ってアナ雪のストーリーを名曲ととも
に体験!

城内レストラン
《アレンデール・ロイヤルバンケット》

サウナ小屋主人のフード店舗
《オーケンのオーケーフード》

『ピーター・パン』エリア
ピーターパンのネバーランド

3Dライドアトラクション
《ピーターパンのネバーランドアドベンチャー》
3Dゴーグルをかけて楽しむ、ネバーランドが舞台
の壮大な冒険の旅!

ティンカーベルのライドアトラクション
《フェアリー・ティンカーベルのビジーバギー》
「ピクシー・ホロウ」を舞台に、ティンカーベルのデ
リバリーサービスをお手伝い♪

ロストキッズの隠れ家レストラン
《ルックアウト・クックアウト》

『塔の上のラプンツェル』エリア
ラプンツェルの森

水流ライドアトラクション
《ラプンツェルのランタンフェスティバル》
ランタンフェスティバルに向かうロマンティックな
ボートの旅!

荒くれ者たちの酒場レストラン
《スナグリーダックリング》

東京ディズニーシー・
ファンタジースプリングスホテル

新テーマポート内に誕生するパーク一体型ディズ
ニーホテル。地上9階建て、客室数475室。2棟で構
成され、デラックスタイプの「ファンタジーシャトー」
が419室、TDR最上級のラグジュアリータイプ「グラ
ンドシャトー」が56室。ブッフェレストラン、ロビーラ
ウンジに加えて、ラグジュアリータイプ宿泊者のみ
が利用できるテーブルサービスレストランも!

1 人気&定番をガッツリ巡るモデルコース

初めて&久しぶりの人向け！ 定番&ソアリンをまわる王道コース

8:30
開園
遅くとも
8時着を目標に

9時開園の
予告でも、
たいてい早まるので
注意!

8:40
プライオリティ
パス取得
《ニモ&フレンズ・シーライダー》

③ 9:45
ソアリン：
ファンタスティック・
フライト
60分待ち
風と香りも感じる！
新感覚の空の旅

最初の取得の
2時間後！

10:40
プライオリティ
パス取得
《タートル・トーク》
インディの待ち時間中に！

⑩ 昼食 11:45
ニューヨーク・デリ

⑪ 11:15
ニモ&フレンズ・
シーライダー
プライオリティパス

⑫ 11:00
インディ・ジョーンズ・
アドベンチャー：
クリスタルスカルの魔宮
45分待ち
若さの泉らしき場所は、
最初のクリスタルスカル直後！

① 13:30
ヴェネツィアン・
ゴンドラ
20分待ち
ショーの前後は運営中止、
ショースケジュールに応じて
前後にずらそう！

③ 14:45
"サルードス・
アミーゴス！"
グリーティングドック
45分待ち
TDSでしか会えない
ダッフィーのふわもふ感を味わって！

⑮ 15:15
シンドバッド・
ストーリーブック・
ヴォヤッジ
10分待ち

⑧ 21:30
タワー・オブ・
テラー
45分待ち
秘密の倉庫の天井から
吊るされている石像の口の中には
シリキの光る眼が!?

④ 花火 20:30
スカイ・フル・オブ・
カラーズ
S.S.コロンビア号前あたり
からの鑑賞がオススメ！

⑨ 16:00
タートル・トーク
プライオリティパス
前方や通路側が
指名されやすい！

N1 19:40
ビリーヴ！
～シー・オブ・ドリームス～
360度どこからでも楽しめる
ショーなので、ハーバー沿
いの人が少ないところを探し
て鑑賞！ 有料パス（DPA、
P6）を買ってしまうのもアリ！

⑧ 夕食 17:15
リストランテ・ディ・
カナレット
事前予約
1カ月前の予約or
当日予約を忘れずに！

16:30
買い物
アトラクションの待ち時間中に
公式アプリで購入してもOK！

★モデルコースの時間は、そこに並び始める時刻ではなく、並んだ後に体験を始める時刻です（P77〜80）

小学生以下のこどもと楽しむモデルコース

待たない・歩かない・利用制限がない、こどもと一緒でも楽しめるコース!

9:00 開園
開園待ちをせず、こどもとゆっくり

9時開園の予告でも、8:45開園になることがほとんど!

⑦ 10:15 トイ・ストーリー・マニア!
60分待ち
P86の攻略テクで高得点を狙え!

⑮ 10:45 シンドバッド・ストーリーブック・ヴォヤッジ
5分待ち

⑰ 11:45 マジックランプシアター
20分待ち

⑯ 11:15 キャラバンカルーセル
5分待ち

昼食 ㉟ 12:15 セバスチャンのカリプソキッチン

㉑ 13:45 ブローフィッシュ・バルーンレース
15分待ち
利用制限はないけど、旋回型でややスリルあり!

④ 15:00 ミッキー&フレンズ・グリーティングトレイル
45分待ち
ミッキー、ミニー、ドナルド、好きなキャラに会いに行こう!

⑪ 16:15 ニモ&フレンズ・シーライダー
15分待ち

⑩ 15:45 アクアトピア
15分待ち

16:30 買い物
アトラクションの待ち時間中に公式アプリで購入してもOK!

夕食 ⑳ 17:00 ケープコッド・クックオフ
かわいいダッフィーのメニュー、こどもが大好きなハンバーガー&ポテトも!

⑨ 19:00 タートル・トーク
30分待ち
こどもは前方の席だと、クラッシュと話せるチャンスが多い!

雨の日でも楽しめる見どころ満載モデルコース

雨の日ならではの要素＆屋内施設で、天気を気にせず楽しむコースです！

8:30
開園
遅くとも8時着を
目標に

9時開園の予告でも、
たいてい早まるので
注意!

8:40
**プライオリティ
パス取得**
《インディ・ジョーンズ…》

③ 9:45
**ソアリン：
ファンタスティック・
フライト**
60分待ち
博物館内のロビー奥、
オープン日を示す時計の時刻にも注目!

昼食 ㉚ 12:00
**ユカタン・
ベースキャンプ・グリル**
空いてるレストランNo.1

⑫ 11:30
**インディ・ジョーンズ・
アドベンチャー：
クリスタルスカルの魔宮**
プライオリティパス

㉕ 11:00
**センター・オブ・
ジ・アース**
60分待ち
ワ～ッ

④ 13:45
**ミッキー＆フレンズ・
グリーティング
トレイル**
45分待ち
ミッキーorミニーに
会いに行こう!

⑰ 14:30
**マジックランプ
シアター**
20分待ち

⑮ 15:00
**シンドバッド・
ストーリーブック・
ヴォヤッジ**
5分待ち

⑧ 16:45
**タワー・オブ・
テラー**
60分待ち
出口のショップは、
ホテルのプール跡地。
床や天井には
その名残も!

夕食 ⑥ 17:30
**カフェ・
ポルトフィーノ**
屋内席が豊富な
レストラン

17:00
買い物
公式アプリで購入すれば、
荷物にならなくてラク!

⑦ 20:00
**トイ・ストーリー・
マニア!**
60分待ち
待ち時間が短くなる
夜を狙おう!

花火 ④ 20:30
**スカイ・フル・オブ・
カラーズ**
ハーバーのリドアイル付近で
鑑賞するのがオススメ!

⑯ 20:45
海底2万マイル
5分待ち

4 有料パスで豪華に楽しむモデルコース

予算に余裕がある人向け！
有料パス（DPA、P6）を活用して、豪華&快適に過ごすコース！

1人＋4500円

8:30
開園
遅くとも8時着を
目標に

9時開園から早まる
ことがほとんどなので
注意！

→

8:40
有料パス（DPA）取得
ビリーヴ！… + 《ソアリン…》
プライオリティパス取得
《インディ…》
ビリーヴは人気なので、
必ず入園直後に！

→

⑦ **9:45**
トイ・ストーリー・マニア！
60分待ち
予算があるなら、
有料パスを使ってもOK！

↓

① **10:15**
ヴェネツィアン・ゴンドラ
15分待ち
TDSならではの景色と
雰囲気を満喫して！

←

⑩ **10:45**
アクアトピア
15分待ち
テーマポートの
雰囲気が味わえる
左レーンに並ぶのが
オススメ！

←

 ⑫ **11:00**
インディ・ジョーンズ・アドベンチャー：クリスタルスカルの魔宮
プライオリティパス
最後に撮られる写真は、
アプリに読み込んで購入！

↓

11:20
**プライオリティ
パス取得**
《海底2万マイル》

↓

昼食 ㉚ **11:30**
ユカタン・ベースキャンプ・グリル

→

⑮ **13:00**
シンドバッド・ストーリーブック・ヴォヤッジ
10分待ち

㉖ **13:45**
海底2万マイル
プライオリティパス
隠れニモ&
アリエルを
見つけよう！

↓

⑧ **15:00**
タワー・オブ・テラー
60分待ち
エレベーターに乗り込む
手前の部屋の装飾に注目！

←

③ **16:00**
ソアリン：ファンタスティック・フライト
有料パス（DPA）
博物館内の展示もじっくり眺めてみて！

←

16:30
買い物
公式アプリで購入すれば、
荷物にならなくてラク！

↓

夕食 ⑲ **17:15**
S.S.コロンビア・ダイニングルーム
事前予約
1カ月前の予約or
当日予約を忘れずに！

→

N1 **19:40**
ビリーヴ！～シー・オブ・ドリームス～
有料パス（DPA）
鑑賞エリア内は
自由席＝先着順なので、
入場時間になったら
スグ入ろう！

→

花火 ④ **20:30**
スカイ・フル・オブ・カラーズ
TDSプラザで
アクアスフィアを
バックに鑑賞！

本物のヴェネツィアの風景写真や絵画が乗り場にある!

① ヴェネツィアン・ゴンドラ

TDSを象徴するロマンチックなアトラクション

2人のゴンドリエが漕ぐゴンドラに乗り、運河から港を周遊。水上からの眺め、ゴンドリエのトークや歌、願いが叶う橋、ゲストとのコミュニケーションなど、TDSの魅力が詰まっています。ハーバーショーの前後は休止するため注意。カップルの多いクリスマス期間はとくに混雑。

乗り物	混雑度 **D**
こども向き ☆☆☆☆☆	こどもが怖がる要素 暗 濡 高 窄
絶叫度 □□□□□	
利用制限	なし ! なし

待ち時間

	平日	混む平日	土日	激混み
9:00	5	5	5	5
9:30	10	15	20	30
10:30	15	25	30	45
11:30	15	15	20	30
12:30	20	15	15	25
13:30	15	20	25	25
14:30	10	15	15	35
15:30	15	15	15	30
16:30	20	20	25	35
17:30	25	30	30	40
18:30	案内終了	案内終了	案内終了	案内終了
19:30	ハーバーショーの前後は運営中止			
20:30				

ショーが多いイベント期間は休止時間が長いため運営中は混雑

待ち時間なし「ザ・レオナルドチャレンジ」を見逃すな!

② フォートレス・エクスプロレーション

偉人たちの活動拠点で探検!

複雑に入り組んだ要塞やガリオン船、埠頭で自由に遊べる施設。大砲や望遠鏡、プラネタリウムなど、さまざまな仕掛けがあります。オリエンテーリング形式で謎解きに挑戦する「ザ・レオナルドチャレンジ」は待ち時間もほぼなく、こどもだけでなく大人も十分楽しめます。

ウォークスルー	混雑度 **F**
こども向き ☆☆☆☆☆	こどもが怖がる要素 暗 濡 高 窄
絶叫度 □□□□□	
利用制限	なし ! なし

待ち時間

	平日	混む平日	土日	激混み
9:00				
9:30	12時〜夕方のみ実施			
10:30				
11:30	案内開始前	案内開始前	案内開始前	案内開始前
12:30	5	5	5	10
13:30	5	5	5	10
14:30	5	5	5	20
15:30	5	5	5	20
16:30	5	5	5	15
17:30	案内終了	案内終了	案内終了	案内終了
18:30				
19:30				
20:30				

たくさんの部屋、大砲も撃てる

ガリオン船 ルネサンス号

「ザ・レオナルドチャレンジ」は正午頃に開始、日没で終了!

※待ち時間は「ザ・レオナルドチャレンジ」のもの

メディテレーニアンハーバー
アメリカンウォーターフロント
ポートディスカバリー
ロストリバーデルタ
アラビアンコースト
マーメイドラグーン
ミステリアスアイランド

TOKYO DisneySEA

アトラクションの裏技

メディテレーニアンハーバー
アメリカンウォーターフロント
ポートディスカバリー
ロストリバーデルタ
アラビアンコースト
マーメイドラグーン
ミステリアスアイランド

TDS最新アトラクションのソアリンは感動的な浮遊感!

③ ソアリン:ファンタスティック・フライト

ソアリンは今までにない新感覚のライドシアターアトラクション

ソアリンは、海外のディズニーパークでもとても人気の高い、**フライトシミュレーター型**アトラクションです。ライドに乗って風や匂いを感じながら、映像で世界の名所を巡る空の旅を楽しむという内容です。特徴は、今までにない新感覚の気持ちよい浮遊感! リアルな景色を眺めながら**本当に空を飛んでいると思えるくらいの感動**が味わえます。TDSでは海外版にはないオリジナルシーンも登場。なお、身長102㎝未満は利用不可なので、こども連れの方は要注意。

乗り物　混雑度 **A**

こども向け ☆☆☆☆☆
こどもが怖がる要素 普通 高

絶叫度 □□□□□

利用制限
102cm未満不可　!妊娠中不可

プライオリティパス　有料パス（DPA）　シングルライダー

待ち時間

	平日	混む平日	土日	激混み
9:00	90	110	120	150
9:30	110	120	130	180
10:30	95	110	120	170
11:30	80	95	110	140
12:30	70	80	100	130
13:30	80	90	110	140
14:30	95	105	120	180
15:30	85	100	110	165
16:30	80	95	110	150
17:30	75	90	105	135
18:30	70	90	100	120
19:30	45	75	70	案内終了
20:30	案内終了	案内終了	案内終了	

🕐 待ち時間対策

待たずに乗るのは激ムズ!特典やサービス利用も考えて

ソアリンは人気があることに加えて、**朝から夜まで待ち時間がほとんど減らないのが最大の特徴**。空く時間帯などがなく、どうしても有料パス（DPA、P6）等を利用しないと、短い待ち時間では体験できません。

❶困ったら有料パスを検討

有料パスの対象なので、当日待ち時間を見て「とても待てない」と感じたら、多少お金はかかってでも利用するのが吉。《トイ・ストーリー・マニア!》（P85）とどちらの有料パスを買うか悩んだときは、**待ち時間が長い《ソアリン…》のほう**を購入しましょう!

❷ディズニーホテル宿泊特典を使う

アンバサダー、ミラコスタ、ランドホテルに宿泊すれば、通常開園時間の15分前に入園できる「ハッピーエントリー」（P23）が利用できます。これなら人が殺到して待ち時間が長くなる前に体験可能。ただし、特典利用者の多くが《ソアリン…》に向かうため、通常開園時刻には60分前後の待ち時間になることがほとんど。そのため、**「ハッピーエントリー」入園開始の15～30分ほど前からゲートで入園待ちをする**とスムーズに体験できます。

並ぶ列は火山のほうにのびていく

TDS・トランジットスチーマーライン 乗り場

プロメテウス火山

ザンビーニ・ブラザーズ・リストランテ

SOARING

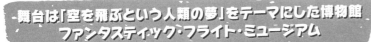

STORY&アトラクションの流れ

舞台は「空を飛ぶという人類の夢」をテーマにした博物館
ファンタスティック・フライト・ミュージアム

「空を飛ぶ」人類の歴史
が見事に作り込まれた
展示は必見！

プレショーは
左右の部屋で演出が
異なる2種類！

絵画のカメリア＆
ハヤブサが動き出す！

カメリアが開発した
ドリームフライヤーに
乗り込む！

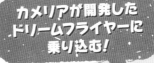

マッターホルン、ピラミッド、万里の長城など、
世界12カ国の名所を巡る空の旅！

人類の夢が
叶う瞬間へ！

各地の香りも感じてみて！

感動のフィナーレは
東京＆TDS！

海外パークにはない、
TDSだけのシーン！

ソアリンって酔いやすくないの？

　筆者のクロロは、ジェットコースター系は平気ですが、画面を見ながら動く系のアトラク、例えばTDL《スター・ツアーズ…》（P55）やTDS《…シーライダー》（P89）では酔います。ソアリンも画面を見ながら動く系のアトラクですが、揺れや動きが少ないので酔いません。浮遊感のあるアトラクが苦手でも、ソアリンだけは大丈夫という人がほとんどなので、酔う心配はしなくてOK！

船内アナウンスとBGMで周遊！半周＆1周コースあり

④ ディズニーシー・トランジットスチーマーライン

BGMは昼と夜で違う！

小型の蒸気船は乗り場によりコースが異なり、半周コースと1周コースがあります。2018年に船内アナウンスがリニューアルし、BGMも導入。TDSはエリア間の移動距離が長いため、半周コースを有効活用しましょう。

ハーバーショーの前後は運行コースが変更or休止になる！ ♪♪

乗り物	混雑度 E	利用制限
こども向き ☆☆☆☆☆	こどもが怖がる要素 暗速高落	▶なし
絶叫度		▶なし

護送車に乗って囚人気分！？意外と写真映えするかも

⑤ ビッグシティ・ヴィークル

クラクションも車によって違いがある！

7種のクラシックカーに乗ってニューヨークエリアを周遊。常に全種類が出ているわけではなく、約4種類が交代で走行。タウンカーや配達用トラック、ツアーバスなど、何に乗れるかはお楽しみ。待ち時間は基本的に次回の車両待ち。

人が多く、走行するのが危険な混雑日は休止することも！

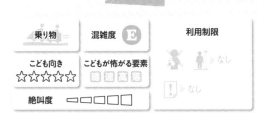

乗り物	混雑度 E	利用制限
こども向き ☆☆☆☆☆	こどもが怖がる要素 暗速高落	▶なし
絶叫度		▶なし

過去から未来へ時空旅行ができるアトラクがある！？

⑥ ディズニーシー・エレクトリックレールウェイ

2024年 1月11日～3月11日 休止

車体は20世紀初頭のNYの高架鉄道を再現

〈アメリカンウォーターフロント〉と〈ポートディスカバリー〉を結ぶ高架鉄道。往復はできず片道運転のみ。アトラクションが空く夜の時間帯は夜景もキレイでとくにオススメです。日中は20分待ちになることも多く、短い移動距離を考えると移動手段としては効率的ではありません。

American Waterfront Sta.

〈ポートディスカバリー〉発は午前中なら待ち時間短め

Port Discovery Sta.

待ち時間

	平日	混む平日	土日	激混み
9:00	5	5	5	5
9:30	5	5	5	5
10:30	5	10	15	20
11:30	5	10	15	25
12:30	10	20	20	25
13:30	15	15	15	30
14:30	10	15	15	30
15:30	15	20	20	25
16:30	10	15	15	20
17:30	10	10	15	15
18:30	10	10	10	10
19:30	5	5	5	5
20:30	5	5	5	5

乗り物	混雑度 E
こども向き ☆☆☆☆☆	こどもが怖がる要素 暗速高落
絶叫度	

利用制限 ▶なし ▶なし

不動の超人気を誇るトイマニは課金orホテル泊で攻略

⑦ トイ・ストーリー・マニア!

ソアリンと並ぶ2大人気アトラク! 何度でもトライしたくなる白熱ゲームに夢中

映画『トイ・ストーリー』の世界で、ウッディやバズたちと一緒に**3Dシューティングゲーム**に挑戦するアトラクション。2人1組でライドに乗り、**吹き矢や輪投げなど5つのステージの合計スコア**を競います。練習ステージもあり、的には得点が書かれているので、直感的に遊べます。最後にはスコア発表があり、そこでは「1時間」「今日」「今月」の3つのハイスコアも同時に表示されます。**次ページの狙うべき的を参考**に練習すれば、今月のハイスコアも夢じゃない!

乗り物　混雑度 **A**

こども向け ☆☆☆☆☆　こどもが怖がる要素 暗 濡 臭 怖

絶叫度 □□□□□

利用制限

プライオリティパス　有料パス（DPA）　シングルライダー

待ち時間

	平日	混む平日	土日	激混み
9:00	80	90	110	130
9:30	95	110	120	160
10:30	80	95	105	150
11:30	65	80	90	125
12:30	60	70	85	110
13:30	60	80	95	120
14:30	75	100	110	135
15:30	70	80	105	150
16:30	65	75	100	130
17:30	60	70	95	125
18:30	50	60	80	115
19:30	25	40	60	70
20:30	案内終了	案内終了	案内終了	案内終了

マル秘情報 ㊙ 入口から乗り場までの演出に脱帽!

入口でひときわ目を引く、大きなウッディの顔。ゲストはここからおもちゃと同じサイズになってゲームに挑戦する設定! よく見ると乗り場はアンディのベッド脇、あたりも暗い夜の風景になっていることに気づくはず。映画のおもちゃたちと同じ体験ができる素敵な演出!

🕐 待ち時間対策

超人気!3つの対策で長い待ち時間を短縮

平日でも約1時間、休日は約2時間、激混み日は3時間前後まで待ち時間がのびる超人気アトラク。少しでも待ち時間を減らせる、3つの短縮テクがこちら!

❶夕方以降を狙う

ファミリー客が減る夜は、待ち時間が短くなる傾向あり。とくに夜のショー（P14）中は狙い目。逆に開園直後は❷利用の人で待ち時間がのびるので、避けるべき!

❷ホテル宿泊でハッピーエントリー

ディズニーホテル宿泊者は、通常開園時間の15分前に入園可能（P23）。人が殺到する前に、サクッと体験できる!

❸最後の手段、有料パスで快適に

有料パス（DPA、P6）を利用すれば、確実に短い待ち時間で体験できます。激混み日はとくに有効!

アメリカンウォーターフロント **トイビル・トロリーパーク**

古き良き遊園地がテーマの広場にミニゲームがいっぱい!

《トイ・ストーリー・マニア!》の周辺は、ニューヨークの古き良き遊園地をテーマにした広場です。アトラクションの入り口になっている、高さ8mのウッディの顔がひと際目を引きます。広場には、**ミニゲームやレビューショー**を楽しめる施設があります。中でも**ミスター・ポテトヘッドが登場**し、トークをしたり一緒にゲームをしたりするトイボックスプレイハウスは、こどもにたいへん人気です。また、**レビューショーは一定間隔で公演**されています。《トイ・ストーリー・マニア!》に乗らなくても見に行く価値がある広場です!

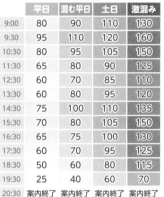

ミスター・ポテトヘッドがしゃべるよ!

メディテレーニアンハーバー
アメリカンウォーターフロント
ポートディスカバリー
ロストリバーデルタ
アラビアンコースト
マーメイドラグーン
ミステリアスアイランド

TOKYO DisneySEA

アトラクションの裏技

メディテレーニアンハーバー

アメリカンウォーターフロント

ポートディスカバリー

ロストリバーデルタ

アラビアンコースト

マーメイドラグーン

ミステリアスアイランド

今月のハイスコア50万点超えを出せる トイマニの裏技はコレ!

最後に、1時間以内・今日・今月の各ハイスコアが表示されます。それぞれの目安は

1時間以内	→25万点以上
今日	→30万点以上
今月	→50万点以上

装置のヒモをひっぱると、弾が発射!

練習のあと、全6ステージをまわる!

的に点数が書いてあるので知識不要!

> 連射も必要だけど、高得点のカギは照準を合わせるハンドルを握る手!

> ステージ1は点数を大きく稼げないので、練習のつもりで!

ステージ1 ボール投げ

①この的を撃つと

②2000点の鶏が出てくる

①と②を繰り返し、合間に③で得点を伸ばす

③モグラやカモで得点稼ぎ

②は的が小さく狙いにくいので、自信がなければ①だけ狙おう!

> 的が大きく、点数が稼げるステージ。適当に撃つだけでも爽快で楽しい!

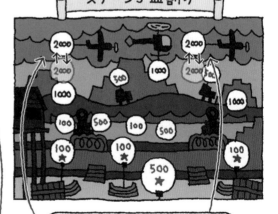

ステージ2 風船割り

①火山から流れる溶岩を1本→2本→3本と撃つと噴火して大量の的が登場

②左右の隕石を3回ずつ撃つと大量の的の隕石が落下

ステージ3 皿割り

①左右同時に上がる2000点の的を左右同時に撃つ

②大量の2000点の的が左右に上がるようになる

**5つのステージでは高得点的が
大量に出現する仕掛けが必ずある!**

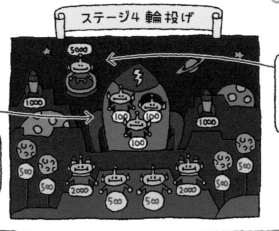

ステージ4 輪投げ

①中央のロケットの
的をすべて(復活
する前に)撃つ

②ロボットが登場し、
開けた口に入れた
輪がすべて得点に

③ロボットの口が
開いていないときは
左右の高得点を
狙う

照準を大きく
グルグル回すようにして、
全体の的を撃っていくのが
コツ!

「的に当てる」のではなく
「上から輪をかける」イメージで。
クセが強いけど、慣れると
高得点を出しやすいステージ!

ステージ5 的当て

①最初に出ている100点的をすべて撃つ

②500点と1000点的が出てくるのですべて撃つ

③高得点的が大量に出現

上に出てくる
①の的は
見逃しがち
なので注意!

ボーナスステージ

①2回出てくる高得点を優先

②左右の的を順に撃つ!

③最後は中央の的を連射!
筋肉痛になるくらい撃つ!

最後の③はとにかく連射!
自分の正面の的しか
得点にならないので、
隣の人の的を撃たないように
注意!

メディテレー
ニアンハーバー

アメリカン
ウォーターフロント

ポート
ディスカバリー

ロストリバー
デルタ

アラビアン
コースト

マーメイド
ラグーン

ミステリアス
アイランド

TOKYO DisneySEA

アトラクションの裏技

メディテレーニアンハーバー
アメリカンウォーターフロント
ポートディスカバリー
ロストリバーデルタ
アラビアンコースト
マーメイドラグーン
ミステリアスアイランド

タワテラは休止期間がない代わりに
隠れ休止で待ち時間激増

⑧ タワー・オブ・テラー

絶叫好きの若者に人気！ 春休みの2〜3月は激混み！

ホテル・ハイタワー見学ツアーに参加するフリーフォール型アトラクション。落下直前、外の景色が見える瞬間に撮られた写真を、出口で購入できます。毎年1〜3月の期間は、恐怖の演出や落下回数が増加した期間限定バージョンを実施。また、公式では告知されませんが、乗り場6カ所のうち2カ所が休止となる"隠れ休止期間"があります。この**"隠れ休止期間"は下の表＋30分程度の待ち時間になる**ので、注意しましょう。たいてい毎年、**連休を除いた4月下旬〜6月**に隠れ休止となります。

乗り物　混雑度 Ⓐ

こども向け ☆☆☆☆☆　こどもが怖がる要素 暗 速 高 落

絶叫度 ▭▭▮▮▮

利用制限
102cm未満不可　体調制限妊娠中・高齢者不可

プライオリティパス　有料パス（DPA）　シングルライダー

待ち時間

	平日	混む平日	土日	激混み
9:00	40	45	50	70
9:30	60	60	70	90
10:30	60	70	80	130
11:30	45	60	70	115
12:30	40	45	60	90
13:30	50	60	60	90
14:30	65	70	80	105
15:30	45	65	75	120
16:30	40	60	75	110
17:30	40	55	70	110
18:30	35	55	65	100
19:30	25	45	50	75
20:30	25	案内終了	案内終了	案内終了

マル秘情報 ㊙
1〜3月に"最恐"バージョンを実施！

毎年1〜3月は《タワー・オブ・テラー"アンリミテッド"》が実施されます。**3つの落下パターンのいずれかが体験できる**、予測不可能な"最恐"バージョンです。この時期は入試休みや春休みで絶叫系好きの学生が多いため、待ち時間が左表の**＋30〜60分程度**になります。

所要時間が長いので
他も空く閉園間際は他を優先すべき！

タワー・オブ・テラーの流れ

ホテル入口 → ロビー → 共通プレショー ウェイティングルーム・書斎

2階から吊り下げられている石像の口の中から時折緑に光る目が見える！

落下パターンは同じ

わーっ!!!

各ツアーの部屋へ
左の部屋へ　2F
Ⓐ 武器
Ⓑ 石板
Ⓒ 仮面
Ⓐ 絵画
Ⓑ 鎧
Ⓒ タペストリー
右の部屋へ　1F

業務用エレベーター

タワテラ前は、キャラとグリできるチャンス大！

受け答えが年々進化するクラッシュ！「ニモ」の他キャラも登場

⑨ タートル・トーク

人生相談への深イイ答えも面白い！

S.S.コロンビア号の海底展望室で、映画『ファインディング・ニモ』シリーズに登場するカメのクラッシュと会話。2017年のリニューアルで**ドリーやハンク**など登場キャラが増えたほか、会話パターンも大きく変更。

		待ち時間			
		平日	混む平日	土日	激混み
ショー	混雑度 B	9:00	15	15	15	20
		9:30	15	20	30	40
こども向き ☆☆☆☆☆		10:30	35	40	45	65
		11:30	25	35	35	50
こどもが怖がる要素 暗混高落		12:30	20	30	30	45
		13:30	30	35	35	65
絶叫度		14:30	30	40	45	65
		15:30	25	35	35	70
利用制限		16:30	25	35	35	50
		17:30	20	25	35	50
なし ！なし		18:30	15	20	30	40
プライオリティパス 有料パス(DPA) シングルライダー		19:30	15	20	20	30
		20:30	20	20	20	30

プライオリティパス発券終了時刻 平日 16:00 混む平日 14:00 土日 13:00 激混み 11:00

夏のびしょ濡れバージョンは容赦ない濡れ具合！

⑩ アクアトピア

こどもでも楽しめて、土日は30分待ち超え

滝や間欠泉などの危険を自動的に回避する最新技術が搭載されたヴィークルで水上ドライブ。コースは左右の乗り場で2種ずつ計4種類。**夜のライトアップは幻想的**。2023年夏のびしょ濡れバージョンは、プライオリティパス（P6）の対象でした。

		待ち時間			
		平日	混む平日	土日	激混み
乗り物	混雑度 C	9:00	5	5	5	5
		9:30	5	5	10	20
こども向き ☆☆☆☆☆		10:30	10	15	25	45
		11:30	15	25	25	45
こどもが怖がる要素		12:30	20	30	30	40
		13:30	15	25	25	40
絶叫度		14:30	10	20	20	45
		15:30	5	10	20	40
利用制限		16:30	10	20	20	40
		17:30	10	10	20	35
なし		18:30	5	10	10	20
！なし		19:30	5	5	5	10
		20:30	5	5	5	30

ニモのアトラクはシーンの組み合わせが32通り！

⑪ ニモ＆フレンズ・シーライダー

映画スタッフが制作したハイクオリティな映像！

魚サイズに縮む潜水艇・シーライダーに乗って、ニモの世界を体験。映像と連動して座席が動くアトラクション。5シーン各2種類の映像がランダムに登場し、**2×2×2×2×2＝32通り**の組み合わせ。こどもに人気の高いニモシリーズですが、**90cm未満不可の身長制限**に注意。

		待ち時間			
		平日	混む平日	土日	激混み
乗り物	混雑度 C	9:00	15	15	15	15
		9:30	20	30	30	45
こども向き ☆☆☆☆☆	こどもが怖がる要素 暗混高落	10:30	45	50	50	80
		11:30	40	40	40	80
絶叫度		12:30	30	30	40	65
		13:30	35	40	45	60
利用制限		14:30	45	50	50	70
90cm未満不可 ！妊娠中不可		15:30	40	45	50	80
		16:30	35	40	45	70
		17:30	30	30	40	60
プライオリティパス 有料パス(DPA) シングルライダー		18:30	20	30	30	55
		19:30	15	20	30	30
		20:30	15	20	20	30

5シーン各2種類のストーリー。同じシーンでも細かな違いが！

シーン1 ニモの故郷サンゴ礁
① エイ先生の学校　② ハンクとかくれんぼ

シーン2 海流
① クラッシュと　② スクワートと

シーン3 流れ着いた先は
① クラゲライダー　② ラッコとおにごっこ

シーン4 トラブル発生
① タッチプールでダーラ登場　② コンテナ船に巨大イカ登場

シーン5 サンゴ礁に帰ろう
① エイの群れで　② ベッキーと空路で

プライオリティパス発券終了時刻
平日 14:00 混む平日 12:30 土日 12:00 激混み 11:00

メディテレーニアンハーバー
アメリカンウォーターフロント
ポートディスカバリー
ロストリバーデルタ
アラビアンコースト
マーメイドラグーン
ミステリアスアイランド

インディ博士のセリフは3カ所！複数のパターンがある

⑫ インディ・ジョーンズ・アドベンチャー：クリスタルスカルの魔宮

開園直後と閉園間際はとくに空いている

インディ・ジョーンズ博士の助手・パコの魔宮ツアーに参加し、古代神殿内をオフロードカーで走るアトラクション。最後に撮られる写真は**背中を伸ばして左上方向**を見るとよく写ります。エントランスからもっとも遠いため開園直後と閉園間際は空いています。

乗り物　混雑度 **B**

こども向き ☆☆☆☆☆

こどもが怖がる要素 暗 速 高 落

絶叫度 □□□□□

利用制限　117cm未満不可　！ 体調制限 妊娠中・高齢者不可

プライオリティパス　有料パス（DPA）　シングルライダー

待ち時間

	平日	混む平日	土日	激混み
9:00	5	10	10	20
9:30	30	45	55	70
10:30	45	55	70	100
11:30	45	50	65	110
12:30	35	45	50	95
13:30	35	50	55	95
14:30	45	65	70	110
15:30	40	60	70	115
16:30	35	55	65	110
17:30	30	40	60	110
18:30	25	35	50	100
19:30	10	20	40	80
20:30	15	案内終了	案内終了	案内終了

ユカタン・ベースキャンプ・グリル

神殿正面のフォトスポット

TDSの穴場レストラン 大ボリュームのスモーク料理

プライオリティパス発券終了時刻

平日 14:30　混む平日 12:30　土日 12:00　激混み 10:30

メディテレーニアンハーバー

アメリカンウォーターフロント

ポートディスカバリー

ロストリバーデルタ

アラビアンコースト

マーメイドラグーン

ミステリアスアイランド

身長が高すぎても乗れない両パークで唯一のライド

⑬ レイジングスピリッツ

身長117cm未満に加え195cmを超える場合も利用不可！

TDL、TDSを通じて唯一の垂直に360度1回転ループをするコースター。**1分半と所要時間は短め**。荷物は足の間に挟む形で足元に置きますが、遠心力がかかるため落ちる心配はありません。屋外なので、雨の日は待ち時間が大きく減ります。

乗り物　混雑度 **B**

こども向き ☆☆☆☆☆

こどもが怖がる要素 速 高 落

絶叫度 □□□□□

利用制限　117cm未満195cm超不可　！ 体調・体格制限 妊娠中・高齢者不可

プライオリティパス　有料パス（DPA）　シングルライダー

待ち時間

	平日	混む平日	土日	激混み
9:00	5	5	10	15
9:30	15	40	45	60
10:30	35	45	70	85
11:30	30	45	55	80
12:30	25	40	50	75
13:30	30	40	50	75
14:30	45	50	60	90
15:30	35	45	70	90
16:30	30	40	65	85
17:30	25	40	55	80
18:30	20	30	50	70
19:30	10	20	45	45
20:30	10	案内終了	案内終了	案内終了

360度垂直回転するコースターなので荷物が不安な人は先に出口から入ってロッカーに荷物を入れる

記念撮影をするならココ！

コインリターン式のロッカー

ロストリバークックハウス

絶品チキンレッグ レジ2台体制で行列の進みも早い

プライオリティパス発券終了時刻

平日 14:30　混む平日 13:00　土日 12:30　激混み 11:30

カーペットに乗る姿の写真は
専用の展望台で！

⑭ ジャスミンのフライングカーペット

乗車中は撮影禁止！ 展望台から撮る！

映画『アラジン』に登場する空飛ぶじゅうたんをモチーフにしたアトラクションで、ジャスミンの庭園上空を旋回。座席のレバーで操作が可能ですが、前後で機能が異なり、**前の座席は高さ、後ろの座席は傾き**が変えられます。夜のライトアップはとてもキレイでオススメ。

〈アラビアンコースト〉から
プロメテウス火山まで
一望できる！

前後の席で
レバー操縦の
反応が異なる！

高くしたり低く
したりレバーで
変えられる

ライドの
高度を操作

前に傾けたり
後ろに傾けたり
レバーで変えられる

ライドの
傾きを操縦

待ち時間

	平日	混む平日	土日	激混み
9:00	案内開始前	案内開始前	案内開始前	案内開始前
9:30	5	5	5	10
10:30	5	10	10	20
11:30	10	10	15	20
12:30	10	10	15	30
13:30	10	10	15	35
14:30	10	15	15	35
15:30	10	15	20	35
16:30	10	15	15	30
17:30	10	15	15	30
18:30	10	15	15	20
19:30	5	10	10	5
20:30	5	5	5	10

乗り物

混雑度 **D**

こども向き ☆☆☆☆☆

こどもが怖がる要素 速 高

絶叫度 □□□□□

利用制限 なし なし

金貨に描かれた
隠れジーニーを見逃すな！

2024年2月13日〜
9月24日休止

⑮ シンドバッド・ストーリーブック・ヴォヤッジ

ファンから絶大な人気の音楽は必聴！

ボートに乗って『船乗りシンドバッド』の物語が楽しめます。グッズやメニューにもなっているトラの子・チャンドゥも登場します。巨人が捕らえられた牢獄の前には、隠れジーニーの描かれた金貨が！

待ち時間

	平日	混む平日	土日	激混み
9:00	5	5	5	5
9:30	5	5	5	5
10:30	5	5	5	10
11:30	5	5	5	20
12:30	5	5	10	20
13:30	5	5	10	25
14:30	5	5	10	20
15:30	5	5	10	15
16:30	5	5	5	10
17:30	5	5	5	10
18:30	5	5	5	5
19:30	5	5	5	5
20:30	5	5	5	5

乗り物

混雑度 **E**

こども向き ☆☆☆☆☆

こどもが怖がる要素 暗

絶叫度 □□□□□

利用制限 なし

なし

人気があるジーニーの
カルーセルは全部で16体！

⑯ キャラバンカルーセル

待ち時間が20分以上になることはめったにない

ディズニーパーク初の2層式メリーゴーランドで、並ぶ列は1階と2階に分かれています。象やラクダのほか、青・緑・紫のジーニーが1階と2階にあります。TDSオープン当初はジーニーが9体でしたが、現在は16体に。

待ち時間

	平日	混む平日	土日	激混み
9:00				
9:30	案内開始前	案内開始前	案内開始前	案内開始前
10:30	5	5	5	5
11:30	5	5	5	15
12:30	5	5	5	15
13:30	5	5	5	15
14:30	5	5	5	20
15:30	5	5	5	15
16:30	5	5	5	15
17:30	5	5	5	15
18:30	5	5	5	10
19:30	5	5	5	10
20:30	5	5	5	5

乗り物

混雑度 **E**

こども向き ☆☆☆☆☆

こどもが怖がる要素 □□□□□

絶叫度 □□□□□

利用制限 なし

メディテレーニアンハーバー

アメリカンウォーターフロント

ポートディスカバリー

ロストリバーデルタ

アラビアンコースト

マーメイドラグーン

ミステリアスアイランド

ジーニーがマジックでミッキーを描くシーンを見逃すな!

2023年11月1日～2024年2月18日 休止

⑰ **マジックランプシアター**

20分待ち＝次回案内なのですぐ入れる!

映画『アラジン』に登場するジーニーの3Dマジックが楽しめるシアタータイプのアトラクション。魔法のランプで世界一偉大なマジシャンになる願いを叶えてもらったシャバーンと召し使いのアシームが、**アドリブ満載でマジックを繰り広げます。**

ショーの途中、ジーニーが箱から登場してすぐ描く絵の中に、隠れミッキーがあります。一瞬なので、ジーニーが登場したらぜひ注目を! **プレショーも含めると所要時間約23分**なので、時間に余裕をもって入ることをオススメします。

ショー	混雑度 C

こども向き ☆☆☆☆☆

こどもが怖がる要素 **暗** 速 高 落

絶叫度 ▭▭▭▭▭

利用制限 ▶なし ! ▶なし

プライオリティパス ／ 有料パス(DPA) ／ シングルライダー

待ち時間

	平日	混む平日	土日	激混み
9:00				
9:30	案内開始前	案内開始前	案内開始前	案内開始前
10:30	15	15	25	35
11:30	20	25	35	55
12:30	15	20	25	50
13:30	15	20	30	40
14:30	25	25	35	40
15:30	25	30	40	50
16:30	20	20	35	40
17:30	15	20	30	35
18:30	15	15	20	30
19:30	15	20	20	15
20:30	20	15	25	25

㊙ アシームとシャバーンがレストランに登場!?

このアトラクションに登場するアシームとシャバーンは、過去のハロウィーンイベントで、隣のレストラン《カスバ・フードコート》にやってきてマジックを披露したことがありました。間近でマジックを披露してくれるので、ファンの間で大人気のプログラムでした。

プライオリティパス発券終了時刻
平日 17:00 ／ 混む平日 15:00 ／ 土日 13:30 ／ 激混み 12:00

待ち列の洞窟には隠れミッキーが!

⑱ **フランダーのフライングフィッシュコースター**

身長制限を超えたこどもの初コースターに!

映画『リトル・マーメイド』に登場するアリエルの友達フランダーがトビウオたちを率いて造ったという小型コースター。潮だまりをトビウオが飛ぶようにアップダウンしながら駆け抜けます。屋外にあるので、雨の日は注意。

乗り物	混雑度 C

こども向き ☆☆☆☆☆

こどもが怖がる要素 暗 **速** 高 **落**

絶叫度 ▭▭▭▭▭

利用制限 ▶90cm未満不可 ! ▶体調制限 妊娠中不可

待ち時間

	平日	混む平日	土日	激混み
9:00	5	5	5	10
9:30	5	5	10	15
10:30	10	15	20	25
11:30	15	20	25	40
12:30	10	20	30	40
13:30	10	15	20	35
14:30	10	15	20	35
15:30	15	25	25	40
16:30	10	20	20	35
17:30	10	15	20	30
18:30	5	15	20	20
19:30	5	5	15	15
20:30	5	5	5	15

スカットルの見張り台下には映画に登場したイカリが!

⑲ **スカットルのスクーター** **2024年1月9日～1月12日休止**

夕方以降が空く! 屋外なので天候に注意

映画『リトル・マーメイド』に登場するカモメのスカットルが集めたヤドカリに乗って、デコボコした砂浜をぐるぐる回るアトラクション。ヤドカリの背中に**2人1組**で乗り込み、中央の見張り台にいるスカットルの周りを回ります。

乗り物	混雑度 D

こども向き ☆☆☆☆☆

こどもが怖がる要素 暗 速 高 落

絶叫度 ▭▭▭▭▭

利用制限 ! ▶なし

待ち時間

	平日	混む平日	土日	激混み
9:00	5	5	5	5
9:30	5	5	10	10
10:30	5	5	15	20
11:30	5	5	15	25
12:30	5	15	20	30
13:30	10	10	15	30
14:30	10	10	15	30
15:30	5	15	20	25
16:30	5	15	15	25
17:30	5	10	15	25
18:30	5	5	10	20
19:30	5	5	5	15
20:30	5	5	5	10

見晴らしのよいクラゲは前方の2台

⑳ ジャンピン・ジェリーフィッシュ

こども向けで、見晴らしもよい!

クラゲから吊り下げられた貝殻のゴンドラに乗り込み、海中をふわふわと上下に漂いながら海底世界のアンダー・ザ・シーを一望。ゆったりとした動きで、こどもと一緒に乗るのにもぴったりです。ライドは**1台2人乗り**で、全12台。

		待ち時間			
乗り物	混雑度 Ⓓ		平日	混む平日	土日	激混み
		9:00	案内開始前	案内開始前	案内開始前	案内開始前
こども向き ☆☆☆☆☆		9:30	5	5	5	5
		10:30	10	10	15	25
こどもが怖がる要素 暗速高落		11:30	10	20	25	35
		12:30	10	15	20	30
		13:30	10	15	20	30
絶叫度 □□□□□		14:30	10	20	25	30
		15:30	10	15	20	30
利用制限		16:30	5	10	15	25
		17:30	5	5	10	25
▶なし		18:30	5	5	10	15
▶なし		19:30	5	5	5	15
		20:30	5	5	5	10

意外なスピード&スリルがある海底でのフグレース

㉑ ブローフィッシュ・バルーンレース

利用制限はないけど、意外なスリル!

フグが吊り下げた貝殻のゴンドラに乗って、回転レースに参加。海底世界アンダー・ザ・シーを見渡せるうえ、徐々にスピードアップ&遠心力で**思わぬスリルも!** 1台4人乗りで、利用制限がないので、親子で楽しめます。

		待ち時間			
乗り物	混雑度 Ⓒ		平日	混む平日	土日	激混み
		9:00	5	5	5	10
こども向き ☆☆☆☆☆		9:30	5	5	15	20
		10:30	15	20	25	35
こどもが怖がる要素 暗速高落		11:30	20	35	40	45
		12:30	20	30	35	45
		13:30	20	35	35	45
絶叫度 □□□□□		14:30	20	35	40	45
		15:30	20	35	35	45
利用制限		16:30	15	30	30	40
		17:30	10	20	30	40
▶なし		18:30	10	15	15	35
▶なし		19:30	5	5	5	25
		20:30	5	5	5	15

マーメイドラグーン内にはアースラが登場する鏡が!

㉒ アリエルのプレイグラウンド

自由に出入りできて、遊べる施設

映画『リトル・マーメイド』の探検エリア。影遊びができるケーブ・オブ・シャドーでは自分以外にアリエルやフランダーの影も浮かび上がります。ダンジョンの鏡ではアースラが登場し、**さまざまなメッセージが聞けます。**クッションを積み木や磁石のように使う、こども向けの遊び場も。

ウォークスルー	混雑度 Ⓕ
こども向き ☆☆☆☆☆	こどもが怖がる要素 暗速高落
絶叫度 □□□□□	
利用制限	
▶なし	▶なし

床はゴム素材になっているので幼いこどもが遊ぶときも安心!

宝物がいっぱい
アリエルのグロット

スターフィッシュ・プレイペン
魚やヒトデのやわらか玩具

沈没船に張り巡らされたネットを歩くスポット
フィッシャーマンズ・ネット

水が飛び出る遊び場
マーメイド・シースプレー

自分の影が壁に残るアリエルの影も登場
ケーブ・オブ・シャドウ

鏡にアースラが登場
アースラのダンジョン

メディテレーニアンハーバー
アメリカンウォーターフロント
ポートディスカバリー
ロストリバーデルタ
アラビアンコースト
マーメイドラグーン
ミステリアスアイランド

アリエルが一番近いのは正面の前から3〜4列目！

㉓ マーメイドラグーンシアター

複雑な舞台装置のため、頻繁に休止期間が！

ステージショー「キング・トリトンのコンサート」を公演。トリトン王やセバスチャン、フランダー、アリエルの6人の姉たちも登場し、映画のシーンと名曲を再現。客席は360度に近い円形の配置。**手を伸ばせば届きそうな距離でアリエルが頭上を舞う姿は圧巻！**

> アリエルは宙を舞って客席の上に来てくれる

> おススメは正面のブロック どのブロックでも3〜4列目あたりが見やすい

	ショー		混雑度 C

こども向き ☆☆☆☆☆
こどもが怖がる要素 暗 混雑 高所 絶叫

絶叫度 □□□□□

利用制限 なし ！ なし

待ち時間

	平日	混む平日	土日	激混み
9:00				
9:30				
10:30				
11:30				
12:30				
13:30				
14:30				
15:30				
16:30				
17:30				
18:30				
19:30				
20:30				

> コロナ以降（2020年2月頃〜）休止中

TDSのコーヒーカップは背中の使い方がキモ！

㉔ ワールプール

遠心力だけで回る、珍しいアトラクション！

海藻のカップに乗って、ぐるぐる回りながら8の字に動くコーヒーカップ型アトラク。1台4人乗りのコーヒーカップには回すためのハンドルがありません。遠心力で回転が速くなる仕組みなので、**速く回転させたい場合は、全員固まって座り、背中をしっかりとカップの外側につけよう！**

> 早く回すには
> ① カップ内の全員が固まる
> ② 前傾ではなく、背もたれにしっかり背中をつけて背中側に体重を垂れる
> ※手や頭をカップ外に出したり、上半身を垂れ出したりはしないように！

> ！ ハンドルを回すのではなく遠心力で回る！

> 回転率が低く待ち時間が減りにくい。日中は20分前後待ち！

	乗り物		混雑度 D

こども向き ☆☆☆☆☆
こどもが怖がる要素 暗 混雑 高所 絶叫

絶叫度 □□□□□

利用制限 なし ！ なし

待ち時間

	平日	混む平日	土日	激混み
9:00	案内開始前	案内開始前	案内開始前	案内開始前
9:30	5	5	10	10
10:30	10	10	15	25
11:30	15	20	25	40
12:30	15	20	20	40
13:30	15	20	20	35
14:30	15	20	25	35
15:30	20	20	25	35
16:30	15	20	20	30
17:30	10	15	15	25
18:30	10	10	15	25
19:30	5	5	5	15
20:30	5	5	5	10

メディテレーニアンハーバー

アメリカンウォーターフロント

ポートディスカバリー

ロストリバーデルタ

アラビアンコースト

マーメイドラグーン

ミステリアスアイランド

休止期間にレアなガイドツアーを実施することも！

| 2023年 11月21日～12月20日 休止 |

㉕ センター・オブ・ジ・アース

TDLとTDSの中でもっとも速い絶叫ライド！

映画『海底2万マイル』に登場する天才科学者ネモ船長が開発した地底走行車で、地底800mの世界を探検する絶叫ライド。絶叫シーンは最後だけですが、この瞬間のスピードは**パーク最速の時速75km！**　待ち時間はソアリン（P82）とトイマニ（P85）に次ぐ3番人気。

プロメテウス火山の中腹に突き刺さった削岩機

地底世界を掘った機械

アトラクション入口の洞窟内からドリルが見える

乗り物	混雑度 **A**
こども向け ☆☆☆☆☆	こどもが怖がる要素 暗 速 高 落
絶叫度 □□□□■	
利用制限 117cm未満不可 / 体調制限 妊娠中・高齢者不可	
プライオリティパス	有料パス（DPA）	シングルライダー

待ち時間

	平日	混む平日	土日	激混み
9:00	35	45	60	70
9:30	75	80	90	90
10:30	65	70	80	120
11:30	60	65	75	120
12:30	55	60	70	115
13:30	55	65	80	115
14:30	60	75	90	130
15:30	60	70	80	120
16:30	55	60	75	110
17:30	50	55	75	100
18:30	45	55	65	95
19:30	25	40	45	75
20:30	30	案内終了	案内終了	案内終了

2万マイルで隠れニモと隠れアリエルを見つけよう！

㉖ 海底2万マイル

謎の天才科学者ネモ船長の肉声が聞ける唯一の施設

映画『海底2万マイル』に登場する天才科学者ネモ船長が設計した小型潜水艇で海底を探検。途中でサーチライトを操作しての探索も。中央と左右の3カ所に、2名ずつ座れる座席があり、見える景色が違います。隠れニモと隠れアリエルがあり

ますが、座席によって見えるかどうかが分かれます。**隠れニモはスタート後、すぐ左側**にあるので左座席が、**隠れアリエルは巨大イカ登場前、右側の沈没船に描かれた絵と彫刻**にあるので右座席が、それぞれ見つけやすいポジションです。

乗り物	混雑度 **D**
こども向け ☆☆☆☆☆	こどもが怖がる要素 暗
絶叫度 □□□□□	
利用制限 なし / なし	
プライオリティパス	有料パス（DPA）	シングルライダー

待ち時間

	平日	混む平日	土日	激混み
9:00	5	5	5	5
9:30	10	10	20	25
10:30	25	35	50	60
11:30	30	30	40	55
12:30	20	25	35	40
13:30	15	20	35	40
14:30	25	30	45	55
15:30	20	25	40	55
16:30	15	15	30	45
17:30	5	15	25	35
18:30	5	5	20	30
19:30	5	5	5	25
20:30	5	5	5	15

プライオリティパス発券終了時刻
平日 19:30　混む平日 15:30　土日 14:00　激混み 12:30

㊙情報 ネモ船長って、誰？ じつはスゴい天才科学者

〈ミステリアスアイランド〉は、ネモ船長の秘密基地を舞台にしたテーマポート。映画『海底2万マイル』に登場するネモ船長は、海水で自力発電する潜水艦ノーチラス号を発明した天才科学者。謎多き彼の姿は、乗り場近くの研究室の肖像画で確認できます！

TOKYO DisneySEA

グリーティングの裏技

パーク
エントランス

アメリカン
ウォーターフロント

ディスカバリー
ポート

ロストリバー
デルタ

アラビアン
コースト

マーメイド
ラグーン

ミステリアス
アイランド

キャラに会いたい人必見! ここで会える! TDSグリーティングマップ

TDSでは、並べば確実にキャラに会えるグリーティングを5カ所で実施しています。ほかにも、パーク内で突発的に現れたキャラに会えることがありますが、キャラがよく出没するのがマップの★の場所。この近くを通るときは、キャラがいないかあたりを見渡してみよう!

1 ディズニーシー・プラザ

登場キャラクター

ミッキー、ミニー

ランダムでどちらかに会える

天候によっては、ミラコスタ軒下で実施!

混雑度 D — 待ち時間

	平日	混む平日	土日	激混み
9:00	30	30	40	45
9:30	50	50	60	70
10:30	40	40	40	55
11:30	案内終了	案内終了	案内終了	案内終了
12:30	案内開始前	案内開始前	案内開始前	案内開始前
13:30	30	40	50	60
14:30	20	案内終了	案内終了	案内終了
15:30	案内終了			
16:30				
17:30				
18:30				
19:30				
20:30				

ショースケジュール次第で実施時間が変わります

2 ヴィレッジ・グリーティングプレイス

登場キャラクター

シェリーメイ

混雑度 D — 待ち時間

	平日	混む平日	土日	激混み
9:00	案内開始前	案内開始前	案内開始前	案内開始前
9:30	25	25	25	30
10:30	35	35	40	60
11:30	30	30	35	45
12:30	25	30	35	40
13:30	25	25	30	35
14:30	25	30	30	40
15:30	35	40	40	50
16:30	30	30	40	45
17:30	25	25	30	40
18:30	20	20	20	35
19:30	10	20	20	20
20:30	案内終了	案内終了	案内終了	案内終了

設置カメラでの写真撮影がスタート!

これまで……
カメラマンが写真撮影!

グリーティングで触れ合っているときの様子も撮影してくれた!

コロナ禍でカメラマンによる撮影が中止

P122 フォトキーカード参照

代わりに……
施設内に複数設置されたカメラが自動撮影! あとから購入できる!

③ "サルードス・アミーゴス！" グリーティングドック

登場キャラクター

ダッフィー

混雑度 C

	待ち時間			
	平日	混む平日	土日	激混み
9:00	案内開始前	案内開始前	案内開始前	案内開始前
9:30	25	30	35	60
10:30	40	50	60	70
11:30	35	40	50	70
12:30	30	35	45	60
13:30	35	35	40	50
14:30	35	40	40	60
15:30	40	50	50	70
16:30	40	45	45	70
17:30	35	40	40	60
18:30	30	30	35	50
19:30	20	25	25	案内終了
20:30	案内終了	案内終了	案内終了	

④ ミッキー＆フレンズ・グリーティングトレイル

登場キャラクター

ミッキー、ミニー、ドナルド

待ち列が別々に作られており、選んだ相手に会える

混雑度 B

	ミッキー 待ち時間			
	平日	混む平日	土日	激混み
9:00	案内開始前	案内開始前	案内開始前	案内開始前
9:30	30	40	40	50
10:30	40	45	55	60
11:30	35	40	50	50
12:30	35	35	40	45
13:30	30	35	35	40
14:30	30	35	35	45
15:30	40	50	55	80
16:30	40	45	50	65
17:30	35	45	50	60
18:30	30	40	40	50
19:30	25	案内終了	案内終了	案内終了
20:30	案内終了			

混雑度 C

	ミニー 待ち時間			
	平日	混む平日	土日	激混み
9:00	案内開始前	案内開始前	案内開始前	案内開始前
9:30	25	30	30	35
10:30	35	40	45	55
11:30	35	35	40	50
12:30	30	30	35	45
13:30	30	30	35	40
14:30	35	40	40	45
15:30	40	45	50	55
16:30	35	40	45	50
17:30	35	30	35	45
18:30	25	30	30	40
19:30	20	案内終了	案内終了	案内終了
20:30	案内終了			

混雑度 C

	ドナルド 待ち時間			
	平日	混む平日	土日	激混み
9:00	案内開始前	案内開始前	案内開始前	案内開始前
9:30	20	25	25	30
10:30	30	40	45	50
11:30	25	35	35	45
12:30	25	30	30	40
13:30	20	25	30	35
14:30	25	30	30	35
15:30	35	45	45	50
16:30	30	35	40	50
17:30	30	30	35	45
18:30	25	25	25	30
19:30	20	案内終了	案内終了	案内終了

グリーティングの裏技

ウォーターフロントパーク
ドナルド、デイジー、スクルージ、マリーなど

ザンビーニ・ブラザーズ・リストランテ横
ピノキオ、ジミニー・クリケット、ファウルフェロー、ギデオンなど

ディズニーシー・トランジットスチーマーライン入口前
チップ、デール、マックス、ホセ、パンチートなど

マジックランプシアター周辺
アラジン、ジャスミン、ジーニー、アブーなど

メディテレーニアンハーバー
アメリカンウォーターフロント
ポートディスカバリー
ロストリバーデルタ
アラビアンコースト
マーメイドラグーン
ミステリアスアイランド

ディズニーに来たら、ぜひ見たい！
TDSのレギュラーショー6種

抽選制 | コロナ禍 ver. で公演中

① ビッグバンドビート 〜ア・スペシャルトリート〜 → P100

ジャズとダンスで盛り上がるレビューショー。コロナ禍に対応して、シンガーとバンドの出演がなくなり、ダンサーの数も減って、キャラメインのショーに変わりました。新たにドナルドが登場しています。**ミッキーがドラムを叩くシーン**は、このショーを象徴する最大の見せ場！ マニアに人気のあるTDSの定番ショー。

2023 年 7 月スタート！

N3 ダッフィー＆フレンズの ワンダフル・フレンドシップ → P18

レストランで食事をしながら楽しめるダッフィー＆フレンズのショー。ダッフィー、シェリーメイ、ジェラトーニ、ステラ・ルー、クッキー・アン、オル・メル、リーナ・ベルの**7キャラが勢ぞろい！** 力を合わせてパーティーを作り上げ、友情を深める物語です。**ショー鑑賞には予約が必要（P18）**なのでお忘れなく。

抽選制 | コロナ禍以降、休止中

③ ソング・オブ・ミラージュ

2019 年7月にスタートしたショー。黄金の都「リオ・ドラード」を探す冒険を繰り広げるショーで、**プロジェクションマッピングも使用**。コミカルなシーンも多いので、こどもにオススメ！

有料パス（DPA） | 待望の TDS 夜の新ハーバーショー！

N1 ビリーヴ！ 〜シー・オブ・ドリームス〜 → P14

2022年11月にスタート。約3年ぶりに公演される大規模なハーバーショーは、バージ（船）を使った**水上の演出はもちろん、ハーバー沿いの建物への映像投影も繰り広げられる最新ショー**です。人気のため、ハーバー沿いの鑑賞エリアには、有料パスやバケーションパッケージ（P9）の専用エリアもあります。

花火

④ スカイ・フル・オブ・カラーズ → P99

抽選制 | 大人もハマる病みつきダンス

② ジャンボリミッキー！ レッツ・ダンス！

ドックサイドステージで公演されている**キッズ向けのダンスショー**。抽選制ですが、屋外ステージなので、周辺からも鑑賞可能！ 夏は閉園間際にも公演！

コロナ禍以降、
イベントの水上ショーは縮小中

TDSではイベント期間限定のショーを公演していますが、船1隻にキャラが5〜6人乗って、ハーバーで水上から挨拶する簡素なグリーティングショーになっています。2019年までのような、たくさんの船やダンサーが登場してキャラが上陸する規模のイベント期間限定ショーはないため、ショー目当ての人はTDLに流れる傾向にあります。

スカイ・フル・オブ・カラーズ
花火おすすめ鑑賞場所はココ！

《スカイ・フル・オブ・カラーズ》は、20:30頃に**打ち上げられる花火のショー**。風向きが住宅街方向になることが多い7〜9月上旬以外は、毎日公演。

TDSには、建物や地形で花火が見えない場所がたくさん。始まってから見えなくて慌てて移動したりせずにすむ、オススメ鑑賞スポットはこちら！

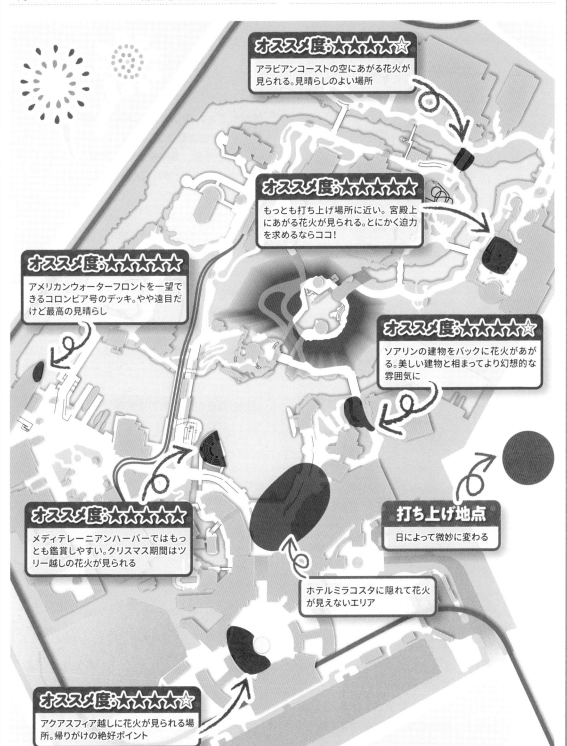

オススメ度：★★★☆☆
アラビアンコーストの空にあがる花火が見られる。見晴らしのよい場所

オススメ度：★★★★★
もっとも打ち上げ場所に近い。宮殿上にあがる花火が見られる。とにかく迫力を求めるならココ！

オススメ度：★★★★☆
アメリカンウォーターフロントを一望できるコロンビア号のデッキ。やや遠目だけど最高の見晴らし

オススメ度：★★★★☆
ソアリンの建物をバックに花火があがる。美しい建物と相まってより幻想的な雰囲気に

オススメ度：★★★★★
メディテレーニアンハーバーではもっとも鑑賞しやすい。クリスマス期間はツリー越しの花火が見られる

打ち上げ地点
日によって微妙に変わる

ホテルミラコスタに隠れて花火が見えないエリア

オススメ度：★★★★☆
アクアスフィア越しに花火が見られる場所。帰りがけの絶好ポイント

ショーの裏技

99

パークチケットを買わずに ハーバーショーが見られちゃう裏技!

TDSのハーバーショーを 眺めの良いテラスから!

　ホテルミラコスタ内の一部レストランでは、テラスからTDSのハーバーショーを鑑賞できます。ホテル内のレストランなのでパークチケットがなくてもTDSのショーが見られるのが魅力!

テラスA

テラスB

ハーバーを見渡せる特等席

利用内容によって 入れるテラスが異なる!

　2023年10月現在、ディナーかつショー公演時間に利用している場合のみ、新ショー《ビリーヴ!～シー・オブ・ドリームス～》(P14)を鑑賞可能。テラスに入れるのは《オチェーアノ》の利用者のみで、注文内容によって入れるテラスが異なります。**テラスAはコース料理**(15,000円前後)、**テラスBはブッフェ**(6,500円前後)の利用者が対象。**見やすいのはテラスA**。注文は当日ではなく予約時に決める必要があります。

予約は超激戦!! Dホテル宿泊者でないと厳しい

　とても人気が高いショーなので、ショーを鑑賞できる時間帯の予約確保は至難の業。**ディズニーホテル宿泊者の優先予約でほぼすべての枠が埋まる**ため、それ以外での予約は、難しい状況です。逆に言えば、ディズニーホテルに宿泊したときはぜひ予約にチャレンジしたいところ。宿泊日翌日も優先予約の対象になるので、あえてパークに入園しない日の枠を確保する手もあります。

抽選制 見ごたえ抜群のBBBが、コロナ禍ver.になって帰ってきた! ① ビッグバンドビート～ア・スペシャルトリート～

大人なTDSを象徴するショー まずは抽選をお忘れなく!

　ビッグバンドによる大人なショーが、コロナ禍で生演奏と生歌をやめ、ダンサーも減らした代わりに、キャラによる演出を増やして公演。**抽選に当たれば待たずに屋内でゆったりと鑑賞できる**ので、抽選（エントリー受付、P7）をお忘れなく。

絶対食べたい！
TDS定番メニュー

TDSにはキャラクターをイメージした、見た目も楽しい映えフードがたくさん。さらに、豊富にある食べ歩きや定番人気メニューの中から、とくにオススメのものを一挙紹介！　マップを見ながら食べ歩こう！

ドナルドの浮き輪をイメージ！

TDR40周年期間は「ミッキーうきわまん」販売中！

うきわまん　600円

23 シーサイドスナック

浮き輪をイメージしたドーナツ型の中華まん風フード。中身は肉＋エビで、アツアツ＆プリプリ食感がおいしい人気フード！

新感覚のしょっぱい系チュロス！

デミグラス・チュロス（ポテト）　500円

37 リフレッシュメント・ステーション

サクサク甘いデザートチュロスとはもはや別物！　やわらかいポテトの中にデミグラスソース味のひき肉が入ったおかず風チュロス！

超ワイルドなホットドッグ

ユカタンソーセージドッグ　500円

29 エクスペディション・イート

フランスパン風の硬めのパンにスパイシーなソーセージがぶっ刺さっている豪快フード。唯一無二のおいしさで人気のTDS名物！

脂たっぷりでピリ辛ジューシー！

スパイシースモークチキンレッグ　600円

31 ロストリバークックハウス

ほろほろ崩れるほどやわらかい絶品骨付きスモークチキン！　長蛇の列でも、レジ2台体制で進みも早いので、気軽に買えます！

意外な高コスパメニュー！

ギョウザドッグ　600円

38 ノーチラスギャレー

細長いギョウザ型のふかふか中華まん風フードですが、こちらは具が湯葉に包まれているのが特徴！不動のTDS超定番フード！

（マップ上の番号：23, 10, 38, 37, 29, 7, 30, 31）

TDRで人気No.1の映えフード！

リトルグリーンまん　400円

7 ザンビーニ・ブラザーズ・リストランテ
10 ニューヨーク・デリ（〜2024年1月3日）
30 ユカタン・ベースキャンプ・グリル

リトルグリーンメンをイメージしたかわいい見た目のもちまんじゅう。中身はカスタード、ストロベリー、チョコレートが1つずつ！

101

シチュエーション別！　こんなときには
このレストランへGO!

パークのレストランは"混んでる""高い"イメージがありませんか？　そんなイメージを覆す"空いてる""コスパのよい""雰囲気がよい""お酒を楽しむ"レストランをランキングで紹介！

19 S.S.コロンビア・ダイニングルーム

雰囲気 3位

豪華客船内のレストラン!

豪華客船S.S.コロンビア号の船内にあるレストラン。テーブルサービスの店の中ではこども連れのファミリーでも利用しやすい雰囲気。

10 ニューヨーク・デリ

コスパ 1位

サンド1090円〜

高さに驚く1090円のマイルハイ・デリ・サンドをはじめ、ファンも多い1180円のルーベン・ホットサンドなど、コスパ抜群の頼れるお店！

15 バーナクル・ビルズ
13 レストラン櫻 テラス席

お酒 3位　**TDSのビアガーデン!**

桟橋エリアで、景色を眺めながらビールを味わえます。どちらの店にも、おつまみにぴったりのフードメニューあり。

フードトラックが新登場！

タワテラ前の公園内にオープン！
ドリンクの"赤"、フードの"青"

〈アメリカンウォーターフロント〉のウォーターフロントパーク内に、2つのフードトラックが2023年9月オープン！

赤いトラックは、ドリンクの店。**フルーツのゴロゴロした果肉がたっぷり入ったアイスティーとワインとサングリア**を、TDR40周年メニューとして販売中です。これらを手軽に飲み歩きできるとあって、早くも人気に！

青いトラックは、フードの店。こちらでもTDR40周年限定メニューを販売中で、**マロン＆カシスのベイクドドルチェ**が食べられます。

8 リストランテ・ディ・カナレット

雰囲気 2位

運河沿いでロマンチック!

日本最大級の石窯で焼くピザとパスタのイタリア料理店。ゴンドラが通る運河沿いのテラス席はムード満点！　ただし、夏場は暑いので注意。

1 マゼランズ

雰囲気 1位

別世界の圧倒的高級感

TDS最高級のコース料理レストラン。ゆっくり回転する巨大な地球儀や大航海時代をイメージした内装は圧巻。記念日のお祝いにオススメ！

2 マゼランズ・ラウンジ

お酒 2位　**通が選ぶのはココ!**

TDS最高級のレストラン《マゼランズ》の2階にあり、豪華な内装に囲まれ、巨大な地球儀を見下ろしながらお酒を味わえます。

ここが混んでたら どこも混んでる！
空いてる レストラン
`空いてる`

高いパーク飯を 避ける！
コスパで選ぶ レストラン
`コスパ`

TDSならでは ロマンチックさ
雰囲気バツグンの レストラン
`雰囲気`

通が選ぶ 素敵な空間
お酒を楽しむ レストラン
`お酒`

---

20 ケープコッド・クックオフ
`空いてる 2位` **コロナ禍で ショー休止中**

人気のダッフィー関連メニューならここが空いています！ 食事時は店外まで列ができますが、レジ台数が多く、進みは速いです。

18 テディ・ルーズヴェルト・ラウンジ
`お酒 1位` **TVに取り上げられる有名店**

S.S.コロンビア号船内のラウンジ。バーのような落ち着いた照明の店内で大人な時間を過ごせます。カップルにとくにオススメ。

30 ユカタン・ベースキャンプ・グリル
`空いてる 1位` **奥地の680席**

座席数がとても多く、しかも目立たない奥まった場所にあるので、ここがもし混んでいたらどこも混んでいると思ったほうがいいくらい空いています！

`コスパ 2位` **セット1420円〜**

チキンやサーモンのオーブン焼きは、セットメニューでも1420円〜と、コスパ良好。見た目以上にボリュームのあるプレートです。

S.S.コロンビア・ダイニングルーム **19**

テディ・ルーズヴェルト・ラウンジ **18**

バーナクル・ビルズ **15**

レストラン櫻 テラス席 **13**

ニューヨーク・デリ **10**

リストランテ・ディ・カナレット **8**

ケープコッド・クックオフ **20**

マゼランズ

マゼランズ・ラウンジ

1 **2**

35 セバスチャンの カリプソキッチン

30 ユカタン・ベース キャンプ・グリル

7 ザンビーニ・ブラザーズ リストランテ

33 カスバ・フードコート

---

7 ザンビーニ・ブラザーズ リストランテ
`コスパ 5位`

パスタ1100円〜

1100円のミートボールパスタや1300円のピザがあるイタリアン。イベントメニューからチュロス、リトルグリーンまんまで幅広い品揃え。

35 セバスチャンの カリプソキッチン
`コスパ 3位`

ピザ800円〜

ピザ2種とカルツォーネがそれぞれ800円と、格安フードが揃うレストラン。サイドメニューも350円前後で充実した品揃え。

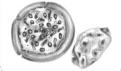

33 カスバ・フードコート
`空いてる 4位` **席数多い 890席**

複数のダイニングエリアがあり、実質的にTDSで座席数TOPのレストラン。レジで並ぶこともありますが、席・テーブルの確保は容易。

`コスパ 4位` **カレー 840円〜**

お手頃メニューと言えば、やっぱり840円〜のカレー！ナンとライスも付いているので、男性でも満足できるボリュームです。

ここでしか食べられない ラッシー＆タンドリーチキンもオススメ！

TDL名物ターキーレッグが TDSでも食べられる！ 3 リフレスコス

TDLだけじゃない！ 大ボリュームの骨付き肉

TDLでは定番の人気メニュー、スモークターキーレッグを、TDSでも食べられます。火山のふもとにある要塞内の店舗で販売されていて、**ハーバーショーの待ち時間にも買いやすく**、便利。

期間限定のカクテルが 販売されることも！

TDSならではの楽しみ方 お酒と一緒に食べられる！

この店舗では**生ビールも販売**しています。スモークターキーレッグはお酒との相性も抜群なので、ビール片手に骨付き肉にかぶりつくというTDSならではの楽しみ方もできます。

バラの香りのスプマンテが絶品！ 8 リストランテ・ディ・カナレット

かなり甘口の レアなスパークリングワイン

カナレットでは一般には流通していないバラの香りのワイン、**モスカート・ペタロ**を飲むことができます。かなり甘口のスプマンテで、女性に人気あり。ぜひ味わってみてください。

パークでしか飲めない ドリンク！

市販もされた人気ドリンク キリン・アップルティーソーダ

TDLとTDSのレストランでしか飲めないソフトドリンクは2種類あり、そのひとつがキリン・アップルティーソーダ。**アップルティーベースの甘さ控えめな炭酸飲料**です。パーク外でも何度かペットボトル版が期間限定で市販されたこともある有名ドリンク！　パーク内でぜひ一度は試しておきたい名物です。

2014年に登場以降ファンも多い ファンタ・ゴールデンサイダー

昔から販売されていたアップルティーソーダに対して、2014年に登場したのがファンタ・ゴールデンサイダー。**サイダーをベースにした甘さの強い炭酸飲料**で、ジンジャーエールのようなシンプルで懐かしい味わいです。こちらも人気が高いドリンクなので、ぜひ両方飲み比べてみてくださいね！

漂う香りがたまらない！
ガーリックシュリンプ味のポップコーン

TDSならではのお酒に合う しょっぱい系ポップコーン

TDSでぜひ試してほしいのが、TDLにはないしょっぱい系ポップコーンです。味はたまに変わりますが、最近は**ガーリックシュリンプ**を販売中。ワゴン周辺には食欲をそそるたまらない香りが漂っています。お酒との相性も抜群で、口に放り込む→飲む→放り込む……のループが止まりません。

TDSで空いている販売場所は アメフロと奥地の2カ所！

TDSはポップコーンワゴンの数が少ないため、とくに混雑します。休日ともなると10分以上並ぶことも珍しくありませんが、リバティ・ランディング・ダイナー前とハンガーステージ横のワゴンが空いています。とくに後者は定番フレーバーのソルト味で重宝します。

注目のポップコーンバケット

＼光る！／

TDR40周年（3,400円）

＼おうちが光る！／

ミニー（3,200円）

ダッフィー＆フレンズ（3,400円）

ドックサイドステージ前
ガーリックシュリンプ

イチオシ
TDS限定

空いてる！

リバティ・ランディング・
ダイナー前
ピスタチオ

リドアイル前
キャラメル

ケープコッド・クックオフ前
ミルクチョコレート

アクアトピア横
しょうゆバター

ポップコーンの
買い方は
P69も見てね！

ハンガーステージ横
ソルト

空いてる！

シータートル・
スーヴェニア前
キャラメル

スカットルのスクーター前
抹茶ホワイトチョコ

ソアリン：
ファンタスティック・フライト前
ブラックペッパー

ポップコーンは
ワゴン内で
継ぎ足されるので
朝より夜のほうが
味が濃い！

アラビアンコースト前
カレー

ポップコーンの買い方はP69も見てね！

※2023年11月現在。ポップコーンの味やバケットのデザインは変更されることがあるので、お出かけ直前に公式サイトでご確認ください。

スタンバイパス

フィギュアがもらえる超人気ゲーム店がリニューアル!

27 アブーズ・バザール

ボールを使ったゲームに挑戦! 成功するとフィギュアがもらえる

1ゲーム700円で、ボールを使ったゲームにチャレンジできるお店。成功するとBIGサイズのフィギュア2種類のうちひとつが、失敗してもピンバッジ5種類のうちひとつがもらえます。

スタンバイパスの対象施設! 入園したら、まずパス取得を忘れずに!

この施設は「スタンバイパス」(P7)を取得しないと利用できません。入園したら、まず公式アプリでパス取得を! パスがある分、待ち時間は比較的短くてすみます。

ルール
- チャンスは4球!
- キャストの合図で全員一斉にボールを転がす
- ボールが3つの穴のどれかに入れば成功!

成功のカギ🔑
❶ 発射台の一番上から転がす
❷ 1球めはまっすぐに転がし、どちらに曲がるか確かめる
❸ 2球め以降は❷を参考に左右にずらす

難易度 激ムズ 運要素が強い

定期的に段差が微調整されるのでボールの動きも変わる!

3つの穴

段差で転がる方向が変わる!

発射台

TDSにしかない! 似顔絵アートが作れる隠れた名店!

32 スリーピーホエール・ショップ横

マーメイドラグーン内の実演アート!

マーメイドラグーン内にあるクジラのショップ脇では、カリカチュア（似顔絵）を作ることができます。TDSにしかなく、1枚の台紙には2人まで描いてもらえます。1人約10分で完成。

料金は1名で1950円、2名で2950円とそれほど高くない!

期間限定の台紙もある! 思い出の品として最高

台紙はイベントに合わせた期間限定のものが登場することも。パーク限定で、他にはない思い出の品としてイチオシです。筆者クロロは結婚式でもこの似顔絵を使いました!

1枚に2人まで描いてもらえる!

カリカチュア

シルエットアート

東京ディズニーリゾート
準備と当日の動き方の裏技

どう進める!? TDRプラン作り

STEP ① 行く日を決めよう!

時期・曜日によって混み具合は激変!

空いている日に行けば、それだけで満足度が大幅UP!

混雑具合を確認してまずは行く日を決めよう! ➡P26〜

STEP ② パークチケット&ホテルの確保

まずはパークチケットを購入! ➡P24〜

宿泊するなら、人気アトラクションもラクラク乗れる

特典付きのディズニーホテル! ➡P20〜

STEP ③ 公式アプリのDL&情報収集

今のパークは公式アプリが必須! ➡P32

アトラクションのパスやショー抽選を知っておこう! ➡P6〜

季節イベントやメニューのチェックも忘れずに。

プラン作りのコツは、
巻頭特集（P6〜9&P24〜32）でもご紹介しましたが、
事前準備のポイントやアクセス方法、便利なパークサービスなど、
TDRを楽しくするヒントはまだまだあります。

しっかりチェックして、最高の1日に!

ホテルやレストランは予約開始日にアタック! 3カ月前からの準備スケジュール

11:00
ディズニーホテル客室の予約開始 P22-23参照
予約開始時に瞬殺で完売続出!

3カ月前

10:00
ホテル内レストラン予約開始
予約開始が早いので、比較的予約が取りやすい傾向。とはいえ、土日は埋まりやすいので、注意!

10:00
パーク内レストラン予約開始
11〜13時、17〜19時はすぐ埋まります。土日はさらに熾烈!

2カ月前

14:00
パークチケット販売開始 P24-25参照
3月と9〜12月は平日でもチケットが完売になることも!混雑日の人気チケットは**売り切れ注意!**

1カ月前

9:00
ショーレストラン予約開始 P18、61参照
TDLに2つ、TDSに1つある食事をしながらショーも楽しめるレストランは予約制!

10:00
シェフ・ミッキー予約開始
《ディズニーアンバサダーホテル》内のミッキーと写真撮影ができるレストランは、超人気で予約も激戦!

2週間前

ディズニーホテルキャンセル拾い最大のチャンス
2週間前からキャンセル料が発生するため、このタイミングでキャンセルする人が一番多い。逆にこれ以降は、ほとんどキャンセルが出ないので、最後のチャンス。

前日 20:59

20:59
ホテル内レストラン申し込み期限
直前にキャンセルする人も多いので、ギリギリまでキャンセル拾いを狙おう。

レストラン予約は当日枠もあります!
オンラインで9時から、店頭で10時から、当日受付あり。当日枠が確保されているので、事前の予約で満席でも、ここでまた予約が取れる可能性アリ!

当日

雨の予報が出ると、キャンセルが出やすい

同日がない場合は?
どの予約開始日も「利用日の〇カ月前の同日」という表記ですが、同日がない場合は翌月1日になります。例えば、8月31日の2カ月前の同日＝6月31日は存在しないので、7月1日。

ディズニーホテル宿泊者は優先枠あり!
公式サイトでディズニーホテルを予約すると、レストランやガイドツアーには専用の優先枠が設けられており、通常予約が満杯でも予約できる場合あり。公式サイトの「予約・購入サイト」→「トラベルバッグ」(PC)／「予約・購入履歴」(スマホ)で、予約を紐づけて追加OK。

予約は開始同時のアクセスが鉄則!

予約テクニックは
P30

もう迷わない！用途別TDRオフィシャルホテル

ディズニーリゾートラインのベイサイド・ステーション（TDLとTDSの間）
周辺にある6つのオフィシャルホテル。
TDR内にあるアクセス抜群のホテルの選び方を用途別に教えます！

オススメ！
安さで選ぶなら

東京ベイ舞浜ホテル ファーストリゾート

オフィシャルホテルの中で頭ひとつ抜けた安さ。2022年に総料理長が変わり、料理もおいしくなった。安さ重視なら間違いなくここ！

圧倒的に広い客室

ホテルオークラ東京ベイ

全客室が40㎡を超えていて、圧倒的な広さをもつのがホテルオークラ。料理も絶品で、ぜいたくに過ごしたいなら間違いなくここ！

全室バルコニー付き

グランドニッコー 東京ベイ 舞浜

9階吹き抜けの国内最大級のアトリウムがあり、リゾート感いっぱいのホテル。比較的リーズナブルで客室数も多い。

全室バス・トイレ別

東京ベイ舞浜ホテル

オフィシャルホテルの中で、このホテルだけが唯一、全室バス・トイレ別。洗い場があるので、こどもがいるファミリーには、とくにオススメ。

カップル向け客室

ヒルトン東京ベイ

セレブリオというカップル向けのラグジュアリーな客室は、高層階で景色を堪能しながらぜいたくな気分を味わうことができ人気。

ホテルライフ満喫

シェラトン・グランデ・トーキョーベイ・ホテル

オフィシャルホテル最大の広さをもつシェラトンは、プールやレクリエーション施設が圧倒的に充実しています。ホテルで遊ぶならここ！

TDR周辺で安くてオススメなのは 京葉線 潮見駅のホテル

安さにこだわるなら舞浜から3駅 潮見のリブマックスを狙え！

直営・提携ホテルじゃなくてもいいから、とにかく安い宿に泊まりたい！という方にオススメなのが、**舞浜から3駅（9分）の潮見にある「ホテルリブマックス東京潮見駅前」**。駅前のたいへん便利な立地ながら、休日でも12,000円前後、平日なら7,500円と、**コスパ抜群**です。

舞浜周辺なら、安い「変なホテル」か アクセス良好＆天然温泉の宿か

舞浜周辺だと、ハウステンボスでも有名なロボットが接客する**「変なホテル」**がお手軽。しかし、パークまでのアクセスが悪く、車で来園する人向け。TDSすぐそばの**「ホテル舞浜ユーラシア」**は、料金こそ高いものの天然温泉がある変わり種。舞浜駅からシャトルバスも出ています。

舞浜から離れた駅のホテルは とにかく立地を重視しよう！

周辺ホテルでは、葛西臨海公園（舞浜から1駅）にもっとも安いホテルがありますが、駅まで遠く、とくに電車利用者には不便。価格ばかりでなく立地も重視すると、**舞浜から2駅（6分）の市川塩浜にある「CVS・BAY HOTEL」**も、駅からわずか徒歩1分の場所にあり、価格も抑えめでオススメです。

これ以外の舞浜周辺ホテルはコスパ悪し！
素直に提携ホテルに泊まるのが吉

レストランの事前予約を逃しても当日枠もあるのであきらめない!

事前予約で満席だったとしても別枠で当日受付分の用意あり!

パーク内レストランの予約（PS）は、前日までの受付が満席でも、別枠として当日枠が用意されています。当日予約は**オンラインで午前9時から、店頭で午前10時から**、それぞれ受付開始。事前に予約の確保ができなかったときや、急にパークに行くことになったときは活用しましょう。

当日受付は忘れずトライすれば競争率も低くチャンス!

午前9時を絶対逃さないように!前日までのブックマークも必須

オンライン予約開始の9時はすでにパーク内にいたり、開園時間だったりする忙しい時間帯ですが、**前日までに、日にち・人数・予約したい店舗の条件を入れた検索結果をブックマーク**しておけば、直アクセスで超有利。ページを開く回数も減るので、予約争奪戦の勝率もアップします。

当日に並んでの利用ができるケースも!現地のキャストに聞いてみよう

事前予約制でも、当日に並んで利用できるレストランもあります。もちろん予約している人が優先されますが、とくに**空いている時間帯（14〜16時頃）**は意外と待たずに利用できることもあるので、どうしても行きたいレストランがあるときは当日に現地でキャストに聞いてみよう!

レストランが空いている時間帯は10時台と16時台

レストランの混雑は意外な盲点休日は20分以上待ちも珍しくない

ここ数年、パーク内のレストランは混雑し、休日は20分以上待つこともあります。そこで重要なのが、ピークになる時間帯を大きく外して食事をとること。平日でも土日でも、お昼なら11〜13時、夕飯なら17〜18時台は混雑するので、時間を早めて**10時台と16時台**を狙いましょう。

食事がおいしいオフィシャルホテル泊ならパークで食べないという選択もアリ

営業終了を考えて、夕飯は早めに!持ち歩きフードも活用しよう

夜は**18時か18時30分で営業終了**となるレストランがほとんどなので、夕飯は遅くにずらすよりも、早くにずらすほうが得策。ワゴン系は遅くまで営業しているので、夜におなかが空いたら持ち歩きフードを活用するのもひとつの手です! 持ち歩きフードのイベントメニューもあります。

時間限定メニューがあると思わぬ混雑になるので注意しよう!

最近、午後の空く時間帯の集客策として、時間限定のデザートセットやドリンクの販売が増えています。魅力的なメニューが「限定」で出るので、その時間帯は大混雑することも。**お目当てのレストランが時間限定メニューを出しているかチェック**していれば、混雑する時間帯を避けられます。

ポップコーンは好きなバケットに好きな味を後から入れてもらえる！

ポップコーンワゴン以外にもバケットを販売している店舗あり

パークのポップコーンワゴンでは、ポップコーンバケットを販売しており、ワゴンによって味もバケットも種類が異なります。また、最近はポップコーンワゴン以外でもバケットを販売しているので、どこにどんなバケットがあるか最新の情報を公式サイトでチェックしましょう。

とくにキャラメル味は混雑するので引換時の待ち時間も考慮しよう！

販売場所と味は
TDL➡P68
TDS➡P105

欲しいバケット＋好みの味が手に入る買い方もある！

欲しいバケットがあるワゴンで売っている味が好みじゃないときは、中身は入れてもらわずに**ポップコーン引換券**をもらい、他のワゴンで好きな味を入れることも可能！　ただし、混雑日には**ポップコーンの購入に15分以上かかることもある**ので、引換券を使う場合は要注意。

レギュラーボックスにも蓋付きの専用バケットが販売されている！

バケットはかさばるからちょっと……という人にオススメが、**数種類のレギュラーボックス用バケット**。紙パッケージのレギュラーボックスは蓋がないので、アトラクションの利用時に困りますよね。専用バケットなら**クッション性のあるビニール素材でかさばらず、蓋付きで機能性抜群！**

パークチケット不要でキャラに会えるレストランがある！

超人気のキャラクターダイニングホテル内の《シェフ・ミッキー》

〈ディズニーアンバサダーホテル〉内にある『シェフ・ミッキー』では、ミッキーがテーブルを訪れての記念撮影が2023年11月より復活！　**ホテル内＝パークチケットは不要**で、TDR唯一のキャラクターダイニングとして超人気、このためだけにTDRに訪れる人もいるくらいです。

予約も激戦！　シェフミのためにホテルに泊まる人も多い！

コロナ禍以降、登場キャラクターは**ミッキーのみ**。予約必須で、人気のため超激戦。ホテル宿泊者枠（P23）でほとんど予約が埋まることも。**朝食はホテル宿泊者限定**（チェックイン日を除く）で、15分前入園や開園時間からのパーク入場が難しくなるとしても、行く価値があります。

コロナ禍前はミニー、ドナルド、デイジーも登場！復活に期待！

		時間	大人	7〜12歳	4〜6歳
ブレックファスト※		7:30〜10:00	4,500円	2,800円	2,000円
ランチ	平日	11:30〜14:30 80分制	6,800円	3,800円	2,500円
	土日祝		7,000円	4,000円	2,700円
ディナー	平日	16:30〜21:00 90分制	7,700円	4,400円	3,100円
	土日祝		7,900円	4,600円	3,300円

※ ディズニーアンバサダーホテル宿泊者限定（チェックイン日を除く）
※ 2023年11月現在の料金

111

ペットボトルの自動販売機は
TDLに9カ所、TDSに5ヵ所ある

知っていると便利！
1本200円のペットボトル

TDL・TDSにはペットボトルを1本200円で販売する自動販売機が設置されています。**TDSには2020年に初めて設置されたため、まだ5カ所のみ**ですが、徐々に設置場所が増えています。

パーク限定のキャラ入りラベル！
支払いには電子マネーも使える！

キリンとコカ・コーラ製品のラインナップで、ラベルはパーク限定！　**キャラクターが描かれたレア感あるデザイン**です。一部の自動販売機を除き、支払いにiDや交通系ICカードも使用できます。

東京ディズニーランドは9ヵ所

グーフィーの
ガスステーション前

トムソーヤ島内にも！
※いかだに乗る必要あり

蒸気船
マークトウェイン号
乗り場前

ベイマックスの
ハッピーライド前にも！

プラズマ・レイズ・
ダイナー前

アリスの雰囲気に
合わせた
ティーポット型！

近未来の
ロボット型

自動販売機

「痛くない歯医者」
の軒下にある
一番目立たない
自動販売機！

隠れ家的
自動販売機！

設置場所が少ないので、
飲み物が欲しいときは
お早めに！

雰囲気に合った
シンプルな
デザイン！

東京ディズニーシーは5ヵ所

アクアトピア前

ミッキー＆フレンズ・
グリーティングトレイル横

タワー・オブ・テラー前

アラビアンコースト

メディテレーニアンハーバー

時期別! パークに行くときに あるとよい持ち物!

マスト! 1年中必要なもの

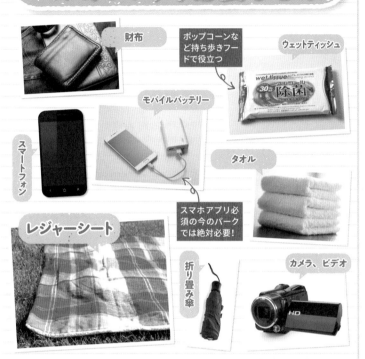

財布

スマートフォン

モバイルバッテリー

ウェットティッシュ
ポップコーンなど持ち歩きフードで役立つ

タオル
スマホアプリ必須の今のパークでは絶対必要!

レジャーシート

折り畳み傘

カメラ、ビデオ

春&秋

夕方以降は一気に冷え込んで寒くなる

羽織れる長袖

日焼け止め

サングラス

この時期にも意外と焼ける。1日外にいるパークでは必須。

冬

TDRは海沿いなので風対策が重要! 首元や耳を守れるアイテムを

マフラー、帽子

カイロ

貼るカイロ、持つカイロ、どっちも多めに持って損はなし

ブランケット

ショー・パレード待ちをするなら、あるとうれしい

夏

バッグが丸ごと入るビニール袋

夏イベントの散水ショーは、バッグも完全水没するほどの水量! ないと悲惨

大きめのタオル

レインコート or 着替え

夏イベント鑑賞用。レインコートは雨対策としても役立つ

サングラス

日焼け止め

パーク内でいつでも借りられる モバイルバッテリースタンドが登場!

アプリが使えない(-_-;)を防げ! スマホのバッテリー問題

公式アプリなどを使う機会が多く、今やパークではスマホが必須です。ただし、アプリはGPS等も使用するため、バッテリーをかなり消費します。**バッテリー切れになると取得したパスが表示できなくなるなど一大事なので、**モバイルバッテリーレンタルサービスを活用して防ぎましょう。

パーク内外の複数箇所にある レンタルスタンドへ!

パークではモバイルバッテリーシェアリングサービス『ChargeSPOT』が利用できます。**専用アプリをインストールし、複数あるレンタルスタンドで手続き**をすると、いつでもレンタルできます。返却は、どこのスタンドでも空きスロットさえあればOKなので便利!

マップ機能はGPSを使うので、バッテリーが思いのほか減る!

返却はパーク外の『ChargeSPOT』バッテリースタンドでもOK!

レンタル料金表

1時間未満	180 円
1時間以上〜2時間未満	360 円
2時間以上〜3時間未満	540 円
3時間以上〜4時間未満	720 円
4時間以上〜48時間未満	900 円

※TDR内のレンタル料金は、通常の『ChargeSPOT』の料金形態とは異なります。

バースデーシールだけじゃない!? パークでもらえる3種類の貼れるシール

定番のバースデーシール 1日中たくさんのお祝いが!

キャストに声をかけるともらえるのが誕生日をお祝いするバースデーシール。ご存じの方も多い定番シールで、**誕生日の当日でなくてももらえます。**シールを洋服などに貼っておくと、気付いたキャストがお祝いの言葉をかけてくれます。1日中、自分が主役の気分になれる!

初めてパークに来たら、もらおう! デビューシールは人生で一度きり

初めてパークに訪れた人向けに**「My 1st Visit」**と書かれた**デビューシール**がもらえます。こども以外でも、修学旅行生や外国の方が付けているのをよく見かけます。ベビーセンターやベビーカー&車イス・レンタルのほか、TDLのメインストリート・ハウス、TDSのゲストリレーションで配布。

キャストに名前を伝えるとその場で書いてもらえる

いざというときの不安を軽減! こどもにつけておきたい迷子シール

自分で名前が言えないこども向けに、**名前や連絡先を記入できる「迷子シール」**を配布しています。パークに入園したら、受け取って貼り付けておくと、迷子になったときでも連絡がつきやすくなります。迷子センターやベビーセンター、ベビーカー&車イス・レンタルなどで配布しています。

パーク内で困ったとき、どうする!?
シチュエーション別、解決法!

シチュエーション ❶ 体調が悪くなってしまったら…

もし気分が悪くなったり、ケガをしたりしたときは、近くのキャストに声をかけましょう。**パーク内には救護室がある**ので、自力で向かうことができるなら、TDLは《カリブの海賊》（P40）横、TDSは《カフェ・ポルトフィーノ》横にある救護室へ（綴じ込みマップH参照）。

シチュエーション ❷ こどもが迷子になってしまった!

近くのキャストに声をかけ、**迷子センター**へ行きましょう（綴じ込みマップE参照）。パークの内外と連絡をとり、探してくれます。自分で名前を言えないこどもの場合、迷子になったときに備えて「迷子シール」（P114）を受け取って貼り付けておくと安心です。

シチュエーション ❸ 落とし物をしてしまった!

パーク内で落とした物は、**小さな物でも見つかることが多い**です（筆者クロロも助けられた経験多数）！　TDLはメインストリート・ハウス、TDSはゲストリレーションに行きましょう（綴じ込みマップA参照）。パークを退園後に気付いた場合は、**公式サイトの遺失物登録フォーム**に登録を。

シチュエーション ❹ 現金が足りなくなってしまった!

パーク内には三井住友銀行のATMが設置されており（綴じ込みマップD参照）、現金を引き出すことができます。TDLには平日9～15時に営業している窓口もあります。ここでは**「東京ディズニーランド出張所」という支店名**の口座を開設することもできます！

パーク内でのキャッシュレス決済も徐々に拡大!
ただし、QRコード決済は利用不可

利用できるキャッシュレス決済は4種
○○ペイなど QR コード決済は不可

コロナ禍以降、パーク内でもキャッシュレス決済が推奨されていますが、利用できる決済方法は下記4種類のみ。利用者が多いスマホQRコード決済は利用できません。**クレジットカードは、パークチケットや有料パス（DPA、P6）、グッズの購入等、公式アプリ上での決済でも役立ちます。**

電子マネーは上限金額に注意
パーク内ではチャージできません

電子マネーはショップ、レストランおよび一部のサービス施設で利用できます。パーク内ではチャージできる場所がありません。また、**QUICPay、iD、交通系ICは、1回の会計につき2万円までしか利用できない**ため、レストランで金額の高いコース料理等を注文する場合はご注意を。

利用できるキャッシュレス決済
- クレジットカード
- デビットカード
- プリペイドカード
- 電子マネー
  （QUICPay／QUICPay+、iD、交通系IC）

スマホでの
QRコード決済
（○○ペイなど）は
使えない!

ディズニーに行くのに予算はいくら？
3パターンで徹底分析！

日帰りTDS

友達 or カップル
（2人、横浜駅から電車で）

交通費

横浜駅⟷舞浜駅
大人往復 ……………………… 1,480円×2

2,960円

パークチケット

TDS 1デーパスポート
大人（土曜日） ……………… 10,900円×2

21,800円

ランチ

ニューヨーク・デリ（セットメニュー）
マイルハイ・デリ・サンド …………… 1,570円
ルーベン・ホットサンド …………… 1,660円

3,230円

おやつ

ノーチラスギャレー
ギョウザドッグ ………………… 600円
オープンセサミ
チュロス ……………………… 500円

1,100円

おみやげ

チョコレートクランチ ……………… 800円
ファンキャップ ……………… 2,900円×2
フェイスタオル ………………… 1,600円
ボールペン6本セット ……………… 1,600円

9,800円

ディナー

リストランテ・ディ・カナレット
スペシャルパスタセット ………… 3,800円×2

7,600円

合計金額

2人で 4万6,490円

有料パス
（DPA、P6）を
使うなら
+1人2,000円

日帰りTDL

首都圏ファミリー
（大人2、こども2、埼玉県から車）

浦和⟷浦安
高速往復（普通車ETC） …………… 3,320円
TDL駐車場（普通車土日祝） ………… 3,000円

6,320円

TDL 1デーパスポート
大人（土曜日） ……………… 10,900円×2
小人（土曜日） ……………… 5,600円×2

33,000円

ハングリーベア・レストラン
ハングリーベア・カレー …………… 1,200円
チキンカレー ……………… 900円×2
リトルハングリーベア・セット ……… 780円
ソフトドリンクS ……………… 300円×3

4,680円

ポップコーンワゴン
レギュラーボックス …………… 400円
カウボーイ・クックハウス
スモークターキーレッグ …………… 900円

1,300円

チョコレートクランチ ……………… 800円
アソーテッド・クッキー缶 ………… 1,200円
ぬいぐるみ ……………… 3,800円
クリアホルダー4枚セット ………… 1,200円

7,000円

グランマ・サラのキッチン（セットメニュー）
シーフードアソートプレート ………… 1,480円
チキンアソートプレート ……… 1,480円×2
お子様セット ……………… 940円

5,380円

4人で 5万7,680円

日帰りなら1人2万円が目安
月1700円貯金すれば年1回行ける！

　2人やファミリーで日帰りの場合、だいたい1人2万円が予算の目安です。**月1700円（4人ファミリーなら約4500円でOK）**の貯金で、年に1回は行ける計算。そう考えると、TDRが身近に感じられませんか？　予算で削れるところはおみやげと食事。逆におみやげは、ファンキャップ、カチューシャ、Tシャツといったアパレル系を買うと、一気に金額が増えます。また、宿泊費は高いので、もし泊まりがけで行く場合は合計金額が、**平日だと1.5倍**、金土など**休前日は2倍程度**になります。

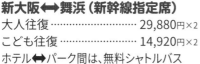

ディズニーホテル宿泊で、ぜいたくに楽しむTDL&TDS　2デイズ!

遠方ファミリー
(大人2、こども2、大阪府から新幹線)

交通費

新大阪↔舞浜（新幹線指定席）
大人往復·············29,880円×2
こども往復·············14,920円×2
ホテル↔パーク間は、無料シャトルバス

89,600円

パークチケット

1デーパスポート
大人（土曜日）·············10,900円×2
小人（土曜日）·············5,600円×2
大人（日曜日）·············9,900円×2
小人（日曜日）·············5,600円×2

64,000円

ランチ

1日目 TDS
カスバ・フードコート
ビーフカリー·············1,100円
ベジタブルカリー·············840円
チキンカリー·············900円×2
ソフトドリンクS·············300円×4

2日目 TDL
**ヒューイ・デューイ・ルーイの
グッドタイム・カフェ（セットメニュー）**
グローブシェイプ・
エッグチキンパオ·············1,080円
エビカツバーガー·············1,080円×2
ミッキーピザ·············1,230円

9,410円

ディナー

1日目 TDS
カフェ・ポルトフィーノ
リングイネ·············1,280円×3
お子様セット·············940円
ソフトドリンク·············320円×2
クラフトビール·············880円

2日目 TDL
センターストリート・コーヒーハウス
カレープレート·············1,580円×2
コンビプレート·············1,980円
お子様セット·············1,200円
ソフトドリンク·············400円×3

13,840円

おみやげ

東京ばな奈·············1,300円
チョコレートクランチ·············800円×2
Tシャツ大人·············2,900円×2
Tシャツキッズ·············2,300円×2
ウォッシュタオル·············700円
メモ4個セット·············1,000円

15,000円

おやつ

1日目 TDS
ポップコーンワゴン
ポップコーン バケット付き·······2,600円
シーサイドスナック
うきわまん·············600円×2

2日目 TDL
ポップコーンワゴン
リフィル·············600円
パン・ギャラクティック・ピザ・ポート
リトルグリーンまん·············400円×2

5,200円

宿泊費

東京ディズニーセレブレーションホテル
スタンダードフロア スーペリアルーム
（平均的価格の金土2泊1室）·············

84,000円

合計金額　4人で　28万1,050円

約15万円に抑えることもできる!
❶車移動で約7.5万円マイナス
❷オフィシャルホテル泊で約5万円マイナス

遠方から2パークを楽しむなら
交通費と宿泊費で大きく変わる!

　遠方から来て、泊まりがけで2パークを楽しむ場合、とにかく交通費と宿泊費をいかに安くできるかで、合計金額が大きく変わります。とくに交通費は安くする手段が乏しいため、自家用車以外

の交通手段を選ぶと一気に合計金額が跳ね上がります。宿泊費は、上記のシミュレーションだと金土曜という、もっとも料金が高い休前日で計算しているので、**平日の宿泊**や、**オフィシャルホテルあるいは周辺格安ホテル（P109）に宿泊**することで、グッと抑えることができます。

予算

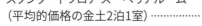

雨だとショー中止? アトラクも止まる? 天気の疑問に答えます

ショー、パレード、グリーティングは基本的に中止になる

ショーによって雨に強い・弱いがありますが、基本的に**地面が濡れて滑るような状態**だと屋外のショーやパレードは中止になります。雨が強くなければ雨バージョンのショーやパレードを実施することも。また、グリーティングは屋根がある場所で実施されるもの以外は、少しでも降れば中止に。

アトラクションは基本的に動く! 雷雨や台風時は停止することも

屋外のアトラクションは、雨の日でも基本的に運営されています。台風クラスの豪雨にならないかぎり止まることはまずないと思って大丈夫。ただし、ゲリラ雷雨のように雷を伴う激しい雨の場合は、**パーク全体に屋内退避指示が発令され**、多くのアトラクションが停止することもあります。

めったにない積もるほどの大雪だとほとんどのアトラクが停止!

花火は雨に強い! 雨の日限定要素も見逃すな!

基本的に毎晩公演されている夜の花火(P63、99)は、**風さえなければ雨でも中止になりません**。また、雨の日はTDLで雨の日限定パレード(P60)があったり、ゲームに挑戦できるショップ(P70、106)で失敗時の**景品に雨の日限定のもの**が追加されたりと、ちょっとお得なこともあります。

天気だけじゃない! 風と高気温もショーやアトラクに影響あり!

🌀 強風の場合

風速10m前後
➡ ショーやパレードの内容変更

風速15m前後
➡ ショーやパレード中止
➡ 一部のアトラクション停止

ショーやパレードは風の強さに応じて内容が一部変更(一部シーンのカット、花火演出のカット、ダンサーのカット、パレードが停止せずに通過など)や中止になります。

風の影響を受けやすいアトラクション		
TDL	P43 トムソーヤ島いかだ P43 蒸気船マークトウェイン号 P45 ビーバーブラザーズのカヌー探険
TDS	P81 ヴェネツィアン・ゴンドラ

☀ 高気温の場合

30℃を超えると
➡ ショーやパレードの内容変更や中止
➡ グリーティングが短時間に

梅雨明け後9月までは、高気温の影響あり。夏イベントの散水ショーであっても、気温が高いと短縮バージョンになるなどの影響が出てきます。フリーグリーティング(時間や場所が公開されておらず、突発的にキャラクターが登場するもの)は、短時間の登場もしくは中止になることも。逆に、低気温で凍結の可能性がある場合、《スプラッシュ・マウンテン》(P44)は休止することがあります。

新アトラクションやイベントは
スタート前に体験できることも！

アトラクションのオープン直前に
テスト運営が実施されることも！

アトラクションやショーなどが、テスト運営等のためにスタート日より前に稼働することを**"スニーク"**と呼びます。事前の告知なく行なわれ、当日にその場所に行かないと実施の有無がわかりません。**平日や休日などに関係なく、1〜2週間前に実施**されることが多いです。オープン後より空いているので、体験できたらラッキー！

イベントは前日にプレビュー実施
プレスエリアで鑑賞場所は限られる

近年は季節イベントでも、**正式スタート前日にショーなどのプレビュー公演**があります。ほとんどの場合、プレス向けのプレビューが目的なので、取材用のプレスエリアが大きく作られます。ショー鑑賞エリアのよい場所もほとんどがプレスエリアになるので、一般ゲストの鑑賞場所は限られますが、ひと足早くショーを見ることができます。

施設名・ショー名など	スニーク日	正式スタート日
TDS《トイ・ストーリー・マニア！》（P85）	2012年6月26日〜7月3日	2012年7月9日
TDS《ニモ＆フレンズ・シーライダー》（P89）	2017年4月27日〜5月7日	2017年5月12日
TDS《ソアリン：ファンタスティック・フライト》（P82）	2019年7月20日〜21日	2019年7月23日
TDS《ソング・オブ・ミラージュ》（P98）	2019年7月20日〜22日	2019年7月23日
TDL 新エリア（P10〜13）	2020年9月21日〜23日	2020年9月28日
TDS《ビリーヴ！〜シー・オブ・ドリームス〜》（P14）	2022年11月7・8・10日	2022年11月11日
TDL《ディズニー・ハーモニー・イン・カラー》（P2）	2023年4月10〜12・14日	2023年4月15日

誕生日をお祝いしてくれる
アトラクション＆ショーがある！

TDL P48　アリスの　ティーパーティー ㉓

『ふしぎの国のアリス』でおなじみの、なんでもない日を祝うお茶会のアトラクション。バースデーシール（P114）などで、誕生日であることと名前が外から見てわかれば、動き出した直後に名前が呼ばれ、「おめでとう」と言ってもらえます。シールはぜひ目立つところに！

TDS P81　ヴェネツィアン・ゴンドラ ①

アトラクションの終盤に、ゴンドリエのキャストが誕生日のゲストはいないかと必ず尋ねます。そこで申し出るとゴンドリエから歌でお祝いをしてもらえます。遠慮なく手を挙げましょう！

TDL　ミッキーの　レインボー・ルアウ ⑲

さまざまな記念日をミッキーたちがダンスや歌などでお祝いをするディナーショー（P61）。

ショーの序盤で、出演者が各テーブルを回り、ゲストのお祝い事を尋ねます。ショーの途中に、祝う人の名前とどんな記念日なのかなどを紹介し、ミッキーたちがお祝いしてくれます。

事前予約制（P61）で人気も高いので、TDLでお祝いをするなら早めの予約をお忘れなく！ポリネシアンテラス・レストランが会場です。

1人なら優先案内される シングルライダー！

1人客専用レーンから ほとんど待たずにアトラクへ！

下記2つのTDSアトラクションでは、「シングルライダー」が利用できます。これは**空席があった場合に、1人で利用する方を優先案内するシステム**で、専用レーンを使うため短い待ち時間で利用できます。利用者が少ないので、**ほとんど待たずに体験できる**ことがほとんど！　例えば、こどもと片方の保護者が他のアトラクションを利用している間、別行動するもう片方の保護者が「シングルライダー」で人気アトラクションを楽しむといった使い方ができます。

対象アトラクション	
TDS	インディ・ジョーンズ・アドベンチャー：クリスタルスカルの魔宮（P90）
TDS	レイジングスピリッツ（P90）

※ 運営状況等により実施していない場合があります

買い物は公式アプリで！ 事前のグッズ検索も可能

アプリで1万円以上買うと 自宅まで無料で配送

公式アプリでは、入園当日23:45までパーク外からでもグッズ購入が可能で、自宅に配送されます。**税込1万円以上の購入で送料無料！**　また、グッズ検索でファンキャップなど身に着けグッズの販売店舗を調べておくと当日スムーズに購入できる！

「ファッション雑貨」「アパレル・衣装品」といったジャンルからも検索できる！

ショップのおみやげ袋も有料化で1枚20円 グッズにエコバッグも登場！

ビニール袋は1枚20円 サイズはLとMの2種類！

ビニール袋の有料化に伴い、TDRでもビニール袋は1枚20円での販売となっています。ショップでおみやげを購入する際、レジでビニール袋も購入するか聞かれます。サイズはLとMの2種類しかなく、**Mでもかなり大きめの作り**。お菓子缶1つ入れるくらいだと、大きすぎると感じるサイズです。

グッズにエコバッグも登場！ 普段使いもできて人気！

2021年以降、パークグッズにも数種類のエコバッグが登場しています。2023年10月時点では大きさの違う2種類のものがあり、値段は900円と1400円と2000円。**東京ディズニーリゾート柄で、コンパクトに折りたためる**ので、普段使いもできる人気グッズです！　カプセルトイ（P121）にもエコバッグが登場し、こちらも人気があります。

アプリでグッズを購入する場合も 5枚セットの袋を購入可能！

パーク入園者は、当日23：45まで公式アプリでのグッズ購入が可能で（上欄）、そこでは「お買い物袋　L1枚M4枚」の5枚セットが100円で販売されています。**誰かにおみやげを渡す際などに便利**なので、忘れずに一緒に購入しましょう！　丈夫で質のよい袋なので、日常生活でも役立ちます。

エコバッグのカプセルトイは1回500円で4種類の中からランダム排出！

パークのガチャガチャ カプセルトイが面白い!

何が出るかわからないガチャガチャ 1個500円前後で買える!

パーク内ではカプセルトイを販売しています。カプセルトイとは、**カプセルの中におもちゃが入ったグッズ**で、機械から数種類のうちのどれが出てくるかわからない、いわゆるガチャガチャのこと。人気のためスタンバイパス（P7）の対象になることも。

複数店舗にあるカプセルトイ それぞれ中身が違う!

TDLでは《アドベンチャーランド・バザール》**21**、《トレジャーコメット》**12**、《ギャグファクトリー／ファイブ・アンド・ダイム》**39**の3店舗で、TDSでは《タワー・オブ・テラー・メモラビリア》**19**、《マーメイドトレジャー》**30**の2店舗で販売しています。

最高の記念グッズが届く 魔法のポストを使おう!

パーク内のポストに投函すると メールスタンプが押されて届く!

パーク内の**各所にあるポスト**に郵便物を投函すると、その日の日付入りのメールスタンプが押され、一般郵便として郵送されます。ポストカード等と切手さえあれば、他は不要。パーク内でポストカードも切手も購入できるので、ぜひ自分宛に投函しておきましょう。

宛名を小さめにしてスタンプを押すスペースを作るとGOOD!

迷ったらコレ! 定番&人気グッズ

パーク内で販売されているグッズは4,000種類以上! 膨大なグッズの中から、ぜひ買いたい定番&人気、面白グッズをピックアップします。迷ったらこれを買おう!

季節ごとのイベント限定のグッズも人気

カチューシャ&ファンキャップ

グリでキャラが喜んでくれたり、ショーやパレードで気付いてもらえたり、より楽しめる!

キャラクターのぬいぐるみ

バッグや服につけられるぬいぐるみバッジやぬいぐるみストラップなど、形態も豊富。

ストラップ型から抱きしめサイズまで

アトラクションのライドは、大人にも人気!

TDR限定トミカ

パーク内でしか販売されていないトミカで、アトラクションや乗り物など、種類が膨大!

迷った時のファーストチョイス!

ミルク、ホワイトチョコ、ストロベリーなど味の違いも

チョコレートクランチ

味だけじゃなく大きさも小さいものから大きいものまであり、最大でなんと100個入り!

新名物のキャラメルバナナ味! 賞味期限が短いので注意

東京ばな奈

TDR限定のパッケージで、ミッキーシェイプが入っているなど、レア感があるのが魅力。

アトラクションのライドショットは スマホにダウンロードできる！

買うつもりがなくても、写真は必ず フォトキーカードに登録しておく！

「フォトキーカード」は、カメラマンが写真をカードに登録してくれて、**インターネットで閲覧・注文できる**サービスです。グリーティングやフォトロケーションでの撮影だけでなく、アトラクションのライドショットにも対応！　買うかどうかは後から決められるので、必ず登録しておこう！

公式アプリにフォトキーカード搭載 パーク内の写真はアプリに登録！

公式アプリのホーム画面「マイフォト」からフォトキーカードを表示させると、カメラマンに撮ってもらった写真を登録できます。アトラクションのライドショットは、ライドを降りた付近に表示されている写真の**二次元コードをアプリで「スキャン」**すれば登録可能！

1枚からダウンロード購入も可能に！ 台紙写真を買うより良コスパ！

パークの写真と言えば、2100円前後の台紙写真をイメージするかもしれませんが、フォトキーカードに登録した写真のダウンロード購入も可能。**3枚まで1800円で、それ以上はまとめて購入する**ほどお得。スマートフォン向けのサービスで、ライドショットやグリ写真も気軽に購入できます！

> 公式サイトには フォトブックや ポストカードなど さまざまなフォト商品あり！

パークで写真を撮るならココ！ オススメのスポット

東京ディズニーランド

❷オムニバス →P40

パレード中はシンデレラ城前で待機。外からでも、自由に乗り込んでも撮影ができる！

㉒キャッスル カルーセル →P48

こどもがメリーゴーランドに乗っている姿が撮れます。もちろん外から撮影が可能。

㉛ダウンタウン・ トゥーンタウン →P51

トゥーンタウンの奥、面白い仕掛けが多く、フォトスポットとしても最高の場所。

東京ディズニーシー

❶ヴェネツィアン・ ゴンドラ →P81

TDSならではの海上からの眺め。夜は暗すぎて景色orフラッシュで人のみしか映らないので注意。

❺ビッグシティ・ ヴィークル →P84

豪華な車ならパレード気分、護送車なら囚人と、車によって違った雰囲気の写真に！

⓮ジャスミンの フライングカーペット →P91

乗車中は写真撮影不可ですが、専用の展望台から、乗っている姿を撮影可能！

通がいつも使う
空いている&大型トイレはココ!

パーク内のトイレは休日になると混雑し、とくに女性トイレは行列ができます。パークに通うマニアが使う、いつも空いているトイレをお教えします。ここ以外はもう入りたくない!

東京ディズニーランド

ロジャーラビット横は
広い+目立たない超穴場

スプラッシュ出口横は
奥地で空いている

美女と野獣前は
大規模かつ空いている

いかだ乗り場前は
小規模だけど
空いている

モンスターズ・インク前は
パーク内最大規模

ジャングルクルーズ横は
小規模だけど
目立たず空いている

カリブの海賊横は大規模

エントランスはガラガラ

開園前の穴場

混雑するが駅舎下は
開園前で一番広い

東京ディズニーシー

ケープコッドは路地奥で
目立たないので空いている

トイマニ横は
アメフロでは
空いているほう

ミゲルズ横は
大規模

エントランスは
いつもガラガラ

開園前は駅舎下が
大規模で安心

救護室横は
目立たず空いている

カルーセル横は
目立たず空いている

京葉線の乗り換えは
東京駅ではなく有楽町駅で！

東京駅の乗り換えは15分もかかる！
京葉線のホームが果てしなく遠い

JR東京駅では京葉線のホームが、他の路線から遠く離れた場所にあります。そのため、東京駅で京葉線に乗り換える場合、長い距離を歩くことになり、15分ほどかかってしまいます。

品川方面からは有楽町駅で乗り換えを
京葉線の東京駅ホームがすぐ近くに！

東京駅の京葉線ホームは有楽町駅に近く、品川方面から来る場合は有楽町駅の**京橋改札**で駅員に申し出ると、精算せず改札外に出られる**乗換証明券**がもらえます。京橋口の目の前には東京国際フォーラムがあり、その地下にあるのが東京駅の京葉線ホーム。東京国際フォーラムからの階段先には改札もあるので、そこから入ればすぐにホームに行けます。東京駅で乗り換えるよりもラク。

東京国際フォーラム内を
通れるのは
7:00〜23:00のみ。
それ以外の時間帯は
JR高架下の入口へ

近郊の主要駅からは
バスで行くほうが座れてラク

電車より若干高くつくが
確実に座れて目的地までノンストップ

TDLとTDSのバスターミナルからは、近郊の駅を結ぶバスも運行しています。電車と違い、**確実に座れる**のが大きなメリットです。主要駅への料金は右表のとおりで、電車より少し高めです。

渋滞があってもバスは効率的
ただし、朝は電車を利用すべし

閉園時間近くになると、TDR周辺道路は渋滞することが頻繁にありますが、それを考慮してもなお**電車よりバスのほうがオススメ**です。閉園時間近くは電車の本数も少なく、乗り換えがあればその分時間もかかるので、バスのほうが効率的に目的地までたどり着けます。ただし、開園時間に間に合うようにパークに到着したい場合は、渋滞で遅れる可能性があるバスよりも、**電車のほうが確実**。

バス料金の目安

	大人	小人
成田空港	1,900円	950円
羽田空港	1,300円	650円
東京駅　秋葉原駅	730円	370円
東京スカイツリータウン 錦糸町駅	800円	400円
新宿駅	1,000円	500円
川崎駅	1,300円	650円
横浜駅	1,350円	680円
大宮駅	1,400円	700円

車でTDSに行くときも
TDL駐車場をまず目指す！

まずは TDL 駐車場入口を目指せ！
TDS の駐車場は左折入場のみ！

東京ディズニーリゾートは千葉県浦安市にあるため、車で来園する場合は首都高速湾岸道路の葛西または浦安出口を降りて駐車場へ向かうことになります。**TDLとTDSは駐車場が別々ですが**、どちらの場合もまずTDL駐車場入口を目指しましょう。TDS駐車場は左折入場のみなので、TDL駐車場入口を通り過ぎ、TDR外周を通る必要があるか

らです。

　周辺道路がもっとも混雑するのは**閉園時間の1時間前後**（P127）ですが、**朝は開園時間頃が混雑**し、混雑日は開園時間の1時間後でもまだ渋滞があります。開園時間から行くなら、渋滞を考慮してなるべく早めに行くのがオススメです。

アクセスマップ

**TDR周辺は
不慣れな
ドライバーが多く
事故が多発！
ご注意を！**

「富士見」方面へ行くのが渋滞を避けるポイント

富士見交番（T字路）

東海大学浦安入口

東京ディズニーランド駐車場入口

東京ディズニーランドホテル

変なホテル

浦安出口

舞浜ローズタウン前

セブンイレブン

中央公園前立体交差点

富岡交番

浦安入口

ローソン

葛西出口から

東京方面

R8

舞浜ディズニーアンバサダーホテル

R6

JR舞浜駅

R5

運動公園前

東京ディズニーシー駐車場

東京ディズニーランド

東京ディズニーシー・ホテルミラコスタ

R1

R2

浦安市運動公園

東京ディズニーシー駐車場入口
左折でしか入れない

R7

東京ディズニーランド駐車場

R3

東京ディズニーシー

浦安入口

浦安出口

千葉方面

首都高速湾岸道路

JR新浦安駅

至 東京ディズニーセレブレーションホテル

	行き
	帰り
	ホテル入口
R1〜7	臨時駐車場

混雑日の渋滞回避は
浦安出口→富士見方面へ！

【東京方面】基本は葛西出口から渋滞していた場合は❷ルートで回避

東京方面からの場合、首都高速湾岸線（東行き）の葛西出口を利用する❶ルート（マップ参照）が原則。葛西出口から舞浜大橋を渡り、舞浜交差点を左折、T字路の舞浜ローズタウン前交差点を左折すると、TDL駐車場入口に到着します。舞浜交差点の先は4〜5車線道路で、事故が多いので注意。しかし、パークが混雑する時期の土日や三連休の**7〜9時頃は葛西出口手前から渋滞が続き**、舞浜交差点を抜けるまで、とても時間がかかります。葛西出口が渋滞している場合は、**浦安出口を利用する❷ルート**で渋滞を避けられます。

【東京方面】❷ルートは富士見方面に行くのが近道

葛西出口が渋滞していた場合は、浦安出口から国道357号線に降ります。700mほど先の**立体交差点「中央公園前」**で、富士見方面と書かれた標識があるので、これを見逃さないようにして交差点を左折しましょう。あとは、突き当たりのT字路を左折すれば、TDL駐車場入口に到着します。浦安

出口を出ると「東京ディズニーリゾート」の標識がたくさんありますが、それに従ったルートを走った場合、かなり遠回りになり、混雑する場所を通らされます。そのため、富士見方面を進む❷ルートのほうが圧倒的に早く着きます。また、このルートは、途中の富士見エリアにコンビニがたくさんあるという利点もあります。立体交差点部分がわかりにくいので、Googleストリートビューで事前に確認しておくと安心です。

【千葉方面】浦安出口から富士見方面へ右折

千葉方面からの場合、首都高速湾岸線（西行き）の浦安出口から国道357号線に降ります。このまま真っ直ぐ舞浜交差点まで進んでもよいですが、国道357号線はトラックが多く、時間帯にかかわらず渋滞しがちです。そこで、これを避けるために、浦安出口から約1.2km先にある**立体交差点「中央公園前」を、上に昇って右折する❸ルート**を進みましょう。あとは突き当たりのT字路を左折すれば、TDL駐車場入口に到着します。立体交差点部分がわかりにくいので、Googleストリートビューで事前に確認しておくと安心です。

駐車場は開園2時間前からが原則！
混雑日は午前2時オープンも

駐車場は平日と休日で異なる料金
オープンは混雑に応じて早まる！

駐車場は**平日と土日祝日で料金が異なり**ます。利用当日同じ車にかぎり再入場、2パークの駐車利用が可能。

駐車場は**原則開園2時間前にオープン。混雑日はオープン時間が早まり**、連休中日など激混みが予想される日は午前2時頃にオープンすることもあります。パークの駐車場が満車になると、臨時駐車場に案内されます。パークのエントランスまで徒歩15〜20分かかったり、シャトルバスが運行するような遠い駐車場になることも。

TDLは2019年7月に新立体駐車場がオープンした後、遠い駐車場に案内されることは少なくなりましたが、できるだけ早く行くほうが近い場所に止められるので安心です。

駐車料金の一覧

	平日	土日祝日
普通乗用車	2,500円	3,000円
大型車（全長5m以上）	4,500円	5,000円
二輪車	500円	

帰りの渋滞は最悪1時間！
TDS周辺を避ける抜け道

TDS駐車場周辺は地獄の渋滞
抜けるのに1時間かかることも

TDR周辺道路の渋滞のピークは、**夜のショー・花火が終わる20時台〜23時過ぎ**。混雑する時期の土日や連休には、抜けるのに1時間以上かかることも。最悪の渋滞ポイントは、**R3駐車場近くのT字路からTDS駐車場を過ぎた運動公園前まで**。TDS駐車場から出る場合（右の**④**）、ここは避けようがなく、抜けるのに数十分は覚悟すべきです。

TDL駐車場から出る場合は
TDS前の渋滞ポイントを避ける！

TDL駐車場は、駐車場所により出口が異なります。最初に案内される立体駐車場は**①**が出口で、渋滞に巻き込まれません。朝早くに行き、**立体駐車場に止められると有利**。**②**出口は左折のみなので、R3駐車場近くの交差点を右折すると渋滞を避けられます。問題はR1とR2。**③**出口の交差点で左折しかできません。渋滞ポイントを進み、右車線から直進すると、渋滞区間の半分は避けられます。

渋滞ポイント

舞浜駅からTDSに行くときは
タクシーのほうが安上がりかも？

基本はディズニーリゾートライン
舞浜駅からTDSへは徒歩でも行ける

TDR内の移動はディズニーリゾートラインを利用するのが基本。ただし、舞浜駅からTDSに向かう際は、徒歩でも10〜15分程度で、ディズニーリゾートラインと所要時間がほとんど変わりません。逆にTDSから舞浜駅に向かう際は、ディズニーリゾートラインのほうが早く着きます。

大人2人ならTDSへはタクシーがお得
初乗り料金が500円に！

大人2人以上の場合、ディズニーリゾートラインを使うよりも、タクシーを使うほうが安上がりです。とくに**TDLとTDS間や舞浜駅とTDS間の移動は、タクシーの初乗り料金**で行けますので、少人数の場合も利用を考えてみましょう。タクシー乗り場はバスターミナルにあります。

ディズニーリゾートラインの料金

券種	大人	こども（小学生以下）
普通乗車券（均一）	260円	130円
1日フリーきっぷ	660円	330円
2日フリーきっぷ	850円	430円
3日フリーきっぷ	1,200円	600円
4日フリーきっぷ	1,500円	750円
回数乗車券（11枚）	2,600円	1,300円

127

あ

⑩ アクアトピア 89
㉑ アドベンチャーランド・バザール 121
㉗ アブーズ・バザール 106
㉒ アリエルのプレイグラウンド 93
㉓ アリスのティーパーティー 48、119
⑲ イッツ・ア・スモールワールド 46
⑫ インディ・ジョーンズ・アドベンチャー：クリスタルスカルの魔宮 90
🚶 ヴィレッジ・グリーティングプレイス 96
⑨ ウエスタンランド・シューティングギャラリー 42
⑤ ウエスタンリバー鉄道 41
① ヴェネツィアン・ゴンドラ 81、119、122
🚶 ウッドチャック・グリーティングトレイル 58
㉙ エクスペディション・イート 101
⑲ S.S.コロンビア・ダイニングルーム 102
② オムニバス 40、122

か

㉖ 海底2万マイル 95
㉔ カウボーイ・クックハウス 64
㉘ ガジェットのゴーコースター 50
㉝ カスバ・フードコート 103
㉜ ガラスの靴 71
③ カリブの海賊 40
⑧ カントリーベア・シアター 42
⑩ ギャグファクトリー／ファイブ・アンド・ダイム 121
㉒ キャッスルカルーセル 48、122
㉙ キャプテンフックス・ギャレー 65
⑯ キャラバンカルーセル 91
㉕ キャンプ・ウッドチャック・キッチン 64
㉜ グーフィーのペイント＆プレイハウス 52
🎪 クラブマウスビート 60
㉖ グランマ・サラのキッチン 66
⑯ クリスタルアーツ 71
⑧ クリスタルパレス・レストラン 66
⑦ グレートアメリカン・ワッフルカンパニー 65
⑳ ケープコッド・クックオフ 18

さ

🚶 "サルードス・アミーゴス！"グリーティングドック 97
㉓ シーサイドスナック 101
⑭ ジャスミンのフライングカーペット 91、122
⑳ ジャングルカーニバル 70
④ ジャングルクルーズ：ワイルドライフ・エクスペディション 41
⑳ ジャンピン・ジェリーフィッシュ 93
🎪 ジャンボリミッキー！レッツ・ダンス！ 60、62
🎪 ジャンボリミッキー！レッツ・ダンス！ 98
⑫ 蒸気船マークトウェイン号 43
⑰ 白雪姫と七人のこびと 46
㉑ シンデレラのフェアリーテイル・ホール 48
⑮ シンドバッド・ストーリーブック・ヴォヤッジ 91
⑦ スイスファミリー・ツリーハウス 42
④ スウィートハート・カフェ 65
🎪 スカイ・フル・オブ・カラーズ 63
🎪 スカイ・フル・オブ・カラーズ 99
⑲ スカットルのスクーター 92
㉗ スター・ツアーズ：ザ・アドベンチャーズ・コンティニュー 55

㉞ スティッチ・エンカウンター 52
⑬ スプラッシュ・マウンテン 44
㊱ スペース・マウンテン 54
㉜ スリーピーホエール・ショップ 106
㉟ セバスチャンのカリプソキッチン 103
㉕ センター・オブ・ジ・アース 95
③ センターストリート・コーヒーハウス 67
③ ソアリン：ファンタスティック・フライト 82
⑱ 空飛ぶダンボ 46
🎪 ソング・オブ・ミラージュ 98

た

⑨ タートル・トーク 89
㉛ ダウンタウン・トゥーンタウン 51、122
🚶 ダッフィー＆フレンズのワンダフル・フレンドシップ 18
⑧ タワー・オブ・テラー 88
⑲ タワー・オブ・テラー・メモラビリア 121
㉙ チップとデールのツリーハウス 51
⑥ ディズニーシー・エレクトリックレールウェイ 84
④ ディズニーシー・トランジットスチーマーライン 84
🚶 ディズニーシー・プラザ 96
⑱ テディ・ルーズヴェルト・ラウンジ 103
⑦ トイ・ストーリー・マニア！ 85
㉖ トゥーンパーク 50
㉞ トゥーンポップ 68
🎪 東京ディズニーランド・エレクトリカルパレード・ドリームライツ 60、62
㊴ トゥモローランド・テラス 67
㉗ ドナルドのボート 50
⑪ トムソーヤ島いかだ 43
㊶ トレジャーコメット 121

な

🎪 ナイトフォール・グロウ 60
⑪ ニモ＆フレンズ・シーライダー 89
⑩ ニューヨーク・デリ 102
㊳ ノーチラスギャレー 101

は

⑩ パークサイドワゴン 64
⑮ バーナクル・ビルズ 102
㉟ バズ・ライトイヤーのアストロブラスター 53
㊸ パン・ギャラクティック・ピザ・ポート 64
㉓ ハングリーベア・レストラン 66
⑮ ピーターパン空の旅 45
⑭ ビーバーブラザーズのカヌー探険 45
⑫ 美女と野獣"魔法のものがたり" 10
⑩ ビッグサンダー・マウンテン 43
⑤ ビッグシティ・ヴィークル 84、122
🎪 ビッグバンドビート～ア・スペシャルトリート～ 98、100
㊵ ビッグポップ 69
㉔ ピノキオの冒険旅行 48
㊱ ヒューイ・デューイ・ルーイのグッドタイム・カフェ 65、67
🎪 ビリーヴ！～シー・オブ・ドリームス～ 14、98
㉝ ビレッジペイストリー 65
ファンタジースプリングス（TDS新エリア） 76
㉕ プーさんのハニーハント 49
② フォートレス・エクスプロレーション 81
㉒ プラザパビリオン・レストラン 66

㊶ プラズマ・レイズ・ダイナー 67
⑱ フランダーのフライングフィッシュコースター 92
⑫ ブルーバイユー・レストラン 67
㉝ ブレイブリトルテイラー・ショップ 71
㉑ ブローフィッシュ・バルーンレース 93
㊳ ベイマックスのハッピーライド 56
㉑ ペコスビル・カフェ 64
① ペニーアーケード 40
㊷ ポッピングポッド 68
㊳ ポップ・ア・ロット・ポップコーン 68
⑯ ホーンテッドマンション 45

ま

㉚ マーメイドトレジャー 121
㉓ マーメイドラグーンシアター 94
⑰ マジックランプシアター 92
① マゼランズ 102
① マゼランズ・ラウンジ 102
🚶 ミッキー＆フレンズ・グリーティングトレイル 97
🚶 ミッキーの家とミート・ミッキー 59
⑳ ミッキーのフィルハーマジック 47
🎪 ミッキーのマジカルミュージックワールド 60、62
ミッキーのレインボー・ルアウ 61、119
㉚ ミニーの家 51
🚶 ミニーのスタイルスタジオ 59
⑥ 魅惑のチキルーム：スティッチ・プレゼンツ"アロハ・エ・コモ・マイ！" 42
㉜ メインストリート・ハウス前 58
㊴ モンスターズ・インク"ライド＆ゴーシーク！" 57

や・ら・わ

㉚ ユカタン・ベースキャンプ・グリル 101、103
N3 ラ・タベルヌ・ド・ガストン 13
⑰ ラ・プティート・パフュームリー 71
⑧ リストランテ・ディ・カナレット 102
③ リフレスコス 104
㊲ リフレッシュメント・ステーション 101
N4 ル・フウズ 13
N5 ル・プティポッパー 68
⑫ レイジングスピリッツ 90
⑬ レストラン櫻 テラス席 102
🎪 レッツ・セレブレイト・ウィズ・カラー 5
🎪 レッツ・パーティグラ！ 60
㉝ ロジャーラビットのカートゥーンスピン 52
㉛ ロストリバークックハウス 101
㉔ ワールプール 94

TDLの施設
㉑ アドベンチャーランド・バザ
TDSの施設
㉗ アブーズ・バザール
TDLの施設にはピンク・TDSの施設にはブルーの網掛けをしています

🅞 …アトラクション
🚶 …グリーティング
🎪 …パレード＆ショー
🅡 …レストラン
🅢 …ショップ